크래핑

내 안의 모든 감정이 에너지로 바뀐다

크래핑

내 안의 모든 감정이 에너지로 바뀐다

강동화·박현찬 지음

Craughing

crying + laughing

위즈덤하우스

우리를 행복으로 이끄는 마음의 묘약

고(故) 신해철은 1993년 발표작 〈도시인〉에서 직장인의 생활을 이렇게 묘사했다. 집이 잠자는 곳이라면 직장은 '전쟁터'이고, 우리는 모두 '똑같은 얼굴'을 하고 있지만 함께 있어도 '외로운 사람들'이라고. 곡이 발표된 지 20년이 훨씬 더 지났지만 우리의 일상은 예나 지금이나 별 차이가 없다. 돌이켜보면 우리의 생활이 예전에 비해 윤택하고 편리해지긴 했지만, 살아가는 속사정은 오히려 피폐해지는 것 아닌가 해서 씁쓸한 생각이 든다.

우리나라 직장인들의 일고여덟은 '회사 우울증'을 앓고 있다고 한다. 회사 밖에서는 활기에 차 있다가도 출근만 하면 무기력해지는 증상이다. 과도한 업무와 불편한 인간관계에서 오는 스트레스 때문이다. 직장인들이 잦은 술자리로 우울감을 손쉽게 극복해보려는 것도 어느 정도 이해가 간다. 비단 직장인들만의 현상도 아니다. 성적 최고

주의에 내몰려 종일 학교와 학원을 오가는 중고교생들, 심각한 취업난에 기약 없는 내일을 준비하는 불안한 청춘들, 가정을 내조하느라 정작 자신을 돌아보지 못한 주부들, 은퇴 후 삶의 의미를 잃어버린 노년들도 예외는 아니다. 현대인의 감기라고 할 정도로 우울증은 우리 주변에 만연해 있다. 생존과 성공을 향한 경쟁적이고 소모적인 환경에서 하루를 온전히 살아낸다는 것은 누구에게나 스트레스의 연속이다.

사람들이 욕망하는 삶의 모습과 실제로 살고 있는 삶의 모습 사이에는 항상 차이가 있기 마련이다. 하지만 그 차이가 어느 정도인지, 극복할 수 있는 차이인지 아닌지에 대한 판단에 따라 나의 스트레스와 감정은 요동을 친다. 만약에 그 차이가 극복할 수 있는 것이라면 스트레스는 감내할 만하고 기쁨이나 즐거움 같은 긍정적 감정이 생기겠지만, 그 격차가 너무 커서 도저히 극복할 수 없다고 생각한다면 슬픔이나 분노와 같은 부정적 감정이 생기고 스트레스도 견디기 힘들어진다.

지난 7~8년 동안 온라인 공간에 표출된 한국인의 감정 중 가장 높은 빈도수를 차지한 감정은 기쁨이 아니라 슬픔이었다.[1] 물론 살아가는 방식이나 겪고 있는 사연은 사람 수만큼이나 천차만별이다. 하지만 '현실의 나'와 '이상적인 나' 사이의 틈은 더욱더 벌어지고, 그 틈을 메우기는 점점 더 힘들어지고 있다. 사소할지언정 갈등과 충돌은 일상이 되고, 억울함과 좌절감 그리고 무력감과 같은 부정적 정서들이 마음과 뇌 속에 날마다 쌓여간다. 그리하여 어느새 슬픔, 분노, 불안, 두려움, 혐오와 같은 부정적인 감정들이 우리의 삶을 지배하고 있다.

우울감이 현대인의 삶을 지배할수록 우리는 행복해지기 위해 더욱 안간힘을 쓴다. '나는 행복한가', '우울한 마음을 어떻게 하면 행복한 마음으로 바꿀 수 있을까?'를 끊임없이 되뇐다. 어찌 보면 우리 모두 행복 노이로제에 걸린 것은 아닌가 싶다.

과연 행복이란 무엇일까? 사람들은 흔히 행복을 즐겁고 기쁜 감정과 동일시하는 경향이 있다. 그래서인지 행복해지기 위해서는 기쁘고 즐거운 일이 많아야 한다고 생각한다. 우울이나 무력감, 불안증을 겪는 사람들은 대개 부정적인 생각에 사로잡혀 있는 경우가 많은데, 이를 극복하려면 언제나 긍정하는 마인드를 가지라고 한다. 힘들고 지쳐도 긍정적으로 생각하고 언제 어디서나 미소를 잃지 않는 자세가 필요하다고 한다. 그러다 보니 부정적인 감정은 최대한 억제하고 좋은 감정들만을 느끼며 사는 것을 행복이라 여기게 된다.

수많은 자기계발서가 그렇게 말하고 있고, 유행하는 행동심리학 저서들 역시 행복해지려면 항상 긍정적인 감정을 유발하는 행동을 해야 한다고 조언한다. 둘러보면 우리 사회 전체가 어둡고 우울한 장면은 가능한 한 피하고 될수록 즐겁고 밝은 쪽을 향하도록 은연중에 강요하는 모양새다. 그러면서도 뒤편에서는 자신과 다른 사람들을 차별하고 배제하기 위해 혐오감이나 공포를 자극하기도 한다. 그래서 더욱더 부정적인 감정들은 행복으로 가는 길에 걸림돌이 되고 불필요한 존재로 여겨지고 있다.

행복해지기 위해 부정적인 감정들을 최대한 억누르고 기쁨과 즐거움과 같은 착한 감정만을 좇는 우리는 '착한 감정 콤플렉스'에 걸려 있는지도 모른다. 타인의 시선을 지나치게 의식한 나머지 착한 사람이라는 소리를 듣기 위해 내면의 욕구를 억압하는 '착한 사람 콤플렉스'처럼 말이다.

'착한 감정 콤플렉스'는 '착한 사람 콤플렉스'에 다름 아니다. 그러나 이렇게 부정적인 감정을 의도적으로 억누르고 긍정적인 감정에 대해 편향적으로 집착하여 얻는 행복은 '왜곡된 행복'일 뿐이다.

동아시아에서 감정이란?

동아시아에서는 오래전부터 사람의 감정에 대하여 깊은 연구가 있어왔다. 서구심리학의 개념과는 조금 다르지만, 감정의 체계는 기본적으로 칠정[七情 : 희(喜, 기쁨) · 노(怒, 분노) · 애(哀, 슬픔) · 구(懼, 두려움) · 애(愛, 사랑) · 오(惡, 미움) · 욕(欲, 욕망)]으로 표현되며, 사람들은 자신의 감정을 잘 다루고 온전히 느낌으로써 행복에 이를 수 있다고 말하고 있다.

전통적으로 『논어』나 『맹자』에서는 칠정에 속하는 감정들 중에서도 슬픔이나 사랑 등 타인을 향한 감정에 더 큰 관심을 보이고 권장해왔다. 반면에 기쁨이나 분노, 두려움, 미움 등 자기중심적 정서에는 어느 정도 조절이 필요하다고 보았다.[2]

그럼에도 동아시아 유학 전통에서 감정과 관련하여 행복을 다루는 담론의 으뜸은『중용』이다. 물론 중용이라는 가치는 양극단의 산술적 평균이나 어설픈 중간 상태를 지향하는 것이 아니다.『중용』1장에서는 '중화의 미덕'을 이렇게 말하고 있다.

> 기뻐하고 성내고 슬프거나 즐거워하는 감정이 아직 드러나지 않은 것을 '중(中)'이라 하고, 상황에 맞게 적절하게 표현하는 것을 '화(和)'라고 한다.

중용은 감정을 긍정적인 감정이나 부정적인 감정으로 나누어 차별하지 않는다. 사람들의 행복은 화나고 짜증나고 슬픈 기분에서 벗어나 즐겁고 유쾌한 기분을 느끼는 데서만 오는 것도 아니라고 한다. 또한 감정을 억제하고 평안한 마음을 유지하는 것만이 최선이라고 하지도 않는다.

오히려 슬프고 화나는 감정들까지 포함하여 '희로애락'의 모든 감정을 당연한 것으로 인정하고, 제때에 알맞게 느끼고 드러내는 데서 진정한 행복이 온다고 한다. 즐겁고 기쁘고 유쾌한 정서뿐만 아니라, 슬프고 화나고 두려운 정서에도 제각각 행복을 위한 역할이 있다는 것이다.

뇌과학의 놀라운 발달로 생각과 감정, 행동의 메커니즘이 밝혀지고 있다. 그런데 흥미롭게도 감정에 관한 뇌과학의 최근 연구 결과들은『중용』을 비롯한 동아시아의 유학 전통에서 말하는 감정론을 지지해주는 사례를 여럿 보여주고 있다. 예를 들어, 슬픔은 행복과는 정반대의 상태같아서 우리의 뇌 활동도 뚜렷하게 다를 것 같다. 그러나 슬픔과 행복의 뇌 활동은 놀랍게도 아주 닮아 있다.

실험 참가자들에게 영화를 보여주며 행복감과 슬픔을 느끼게 한 후 영상으로 뇌 반응을 확인해보니, 행복할 때나 슬플 때나 활성화되는 뇌 부위는 시상과 전전두엽으로 두 경우가 비슷했다. 슬픔과 행복은 의외로 상당히 가까이에 있었다. 그런데 더욱 놀라운 사실은, 슬픔의 뇌가 우울증의 뇌와는 매우 달랐다는 점이다. 슬픔이나 우울증이나 모두 전전두엽과 관련이 있지만, 실제의 작동방식은 상당히 달랐다.

보통 일상적으로 슬플 때는 전전두엽이 활성화되는 것이 정상이다. 그런데 우울증의 경우에는 전전두엽이 활성화되기는커녕 그 작동을 아예 멈추어버린다. 이는 우울증이 심한 사람들이 오히려 슬픔의 감정을 느끼지 못한다는 것을 보여준다. 우울증이란 감정이 메말라 완전히 무뎌진 상태이기 때문에 그렇다. 이상하게 들릴지 모르지만, 슬픔의 뇌는 우울한 뇌보다 행복한 뇌와 훨씬 더 가깝다.

그런가 하면 미움의 뇌에서도 흥미로운 사실이 발견되었다. 성인들에게 미워하는 사람의 사진을 보게 하며 기능적 자기공명영상을 촬영했다. 그랬더니 신기하게도 미움의 뇌에서는 분노나 공포에서 활성화되는 편도체가 잠잠했다. 반면에, 사랑을 느낄 때 흥분하는 뇌영역인 조가비핵과 도피질이 반응을 보였다.

증오는 분노나 두려움처럼 부정적인 감정인데도, 오히려 사랑의 뇌와 더 닮아 있었다. 노랫말의 한 구절처럼 "사랑의 본명은 분명히 증오"이고 "사랑과 미움은 종이 한 장 차이"인가 보다.

'착한 사람 콤플렉스'에서 벗어나야 하듯이 '착한 감정 콤플렉스'에서도 벗어나야 한다. 타인에게 좋은 모습만 보이려는 사람은 부정적인 감정을 애써 감추려 할 것이다. 그러나 마음속에 억눌러 둔 부정적인 감정들은 결국 다른 모습으로 새어 나오게 된다. 출구를 찾지 못한 감정들은 결국 우리 마음속에서 병을 일으킨다. 우리 마음속에서 자연스럽게 일어나는 감정을 배제한다면 우리는 행복으로부터 더욱 멀어질 것이다.

우울증은 부정적인 감정으로 가득 찬 상태가 아니라, 부정적인 감정이 제대로 분출되지 못해 생기는 것이다. 부정적인 감정이든 긍정적인 감정이든 출구를 찾아 제대로 흐르지 못하는 감정은 결국 엉뚱하게 터져버리거나 이리저리 바닥에 스며들어 말라버리고 만다.

부정적 감정도 나의 에너지

감정에 그 자체로 좋은 감정, 나쁜 감정이 있는 것이 아니다. 좋은 감정 혹은 긍정적 감정, 나쁜 감정 혹은 부정적 감정은 본래부터 부정적이거나 긍정적인 것이 아니다. 우리가 그렇게 나누고 이름 지었을 뿐이다. 감정은 그저 존재할 뿐이다.

우리는 신으로부터 무수히 많은 감정들을 선물 받았다. 우리가 부정적으로 여기는 감정들도 모두 귀하고 존중받아야 할 감정들이다. 기쁨과 즐거움만 우리를 빛내는 존재가 아니다. 사랑과 공감처럼 긍정적 감정들만 에너지를 갖고 있는 것도 아니다. 슬픔, 분노, 두려움, 미움, 열등감도 모두 고유의 존재 이유와 역할을 지니고 있다. 그 감정들이 제각각 자기 존재 이유를 존중받는다면 모두들 제 역할을 하며 우리를 빛내줄 것이다. 긍정적인 감정 못지않게 부정적인 감정도 에너지가 크다.

이를테면, 분노의 감정은 에너지가 매우 큰 강렬한 감정이다. 이 강렬한 감정을 느낄 때 우리 뇌에서는 아드레날린이 솟구친다. 그런데 아드레날린은 문제를 해결하기 위해 주의를 집중하고 사안에 깊이 파고드는 힘을 준다. 분노는 비록 불쾌한 감정이지만, 분석적 사고를 이용해서 문제를 해결하려는 욕구로 배출될 수 있다. 그래서 때때로 긍정적인 웃음보다도 문제 해결에 더 우수한 효과를 내기도 한다. 분노의 감정은 창의성이나 분석적 사고에 대해 훼방꾼이 아니다. 훌륭한 조력자에 더 가깝다.

생명의 위험과 극한의 두려움을 무릅쓰고 익스트림 스포츠에 탐닉하는 사람들이 있다. 그것은 익스트림 경험을 할 때 그들의 뇌에서 쾌감과 만족감을 주는 도파민이 분비되기 때문이다. 물론 그들이 위험을 즐길 수 있는 것은 두려움에 둔감해서가 아니다. 오히려 그 반대로 익스트림 스포츠맨들이 현실감각도 감수성도 더 높았다. 다만 강렬한 두려움의 경험을 통해 쾌감을 느끼고, 삶의 태도가 긍정적으로 변하고 다른 위험들에 대해서도 더 잘 대응하게 되었기에 익스트림 스포츠에 열광하는 것이다. 그들에게 두려움이라는 감정은 더 강한 집중과 몰입을 하게 해주고, 삶을 활기 있게 해주는 건강하고 필수적인 감정이다.

전나무는 환경이 열악해져 죽을 것을 예감하면, 유난히 화려하고 풍성하게 꽃을 피운다. 대나무는 뿌리 번식이 불가능해질 때 혼신의 힘을 다해 마지막으로 단 한 번의 꽃을 피워 종자를 맺는다. 소위 '앙스트 블뤼테' 현상이다. 죽음을 앞둔 처절한 상황에서 생애 마지막 에너지를 총동원하여 생명체가 살아 있음을 보여주는 힘이 바로 앙스트 블뤼테이다.

사람의 경우도 마찬가지여서 베토벤은 청각을 완전히 잃게 된다는 두려움 속에서 〈운명교향곡〉, 〈합창교향곡〉 등을 작곡하여 이전보다 더 위대한 걸작을 남겼고, 최후의 로마철학자 보에티우스는 당장 오늘 사형당할지 모르는 두려움 속에서도 역설적으로 절망을 이기고 자유를 깨닫는 불후의 저서 『철학의 위안』을 집필했다.

때때로 최고의 두려움은 최상의 에너지를 생성시킨다. 두려움은 우리 생애 최고의 순간을 만드는 계기가 되기도 한다.

분노나 두려움, 미움과 같은 부정적인 감정들은 단순히 거리를 두거나 배제해야 할 대상이 아니다. 오히려 적극적으로 그 에너지를 느끼고 누려야 할 대상이다. 감정이란 우리가 세상과 대결하며 생존과 진화를 위해 우리 스스로 만들어낸, 환경에 대응하는 반응 시스템이다. 긍정적인 감정이나 부정적인 감정이나 모두 우리의 필요에 의해 발생되고 개발되어 온 것이다. 그러니 긍정적인 감정에만 치우치지 말고 부정적인 감정까지도 두루두루 잘 이용해서 상황에 맞추어 적절하게 대응하는 것이 행복으로 가는 좀 더 정확한 방법이다.

그것이 어떤 감정이든 지금 내가 느끼고 있는 현재의 감정을 소중히 여기고, 억누르거나 휘둘리지 않으면서 제대로 표출하는 것이 중요하다.

웃을 땐 진심을 담아 활짝 웃고, 울 때도 가슴 깊이 감정을 느끼며 울 줄 알고, 화를 내야 할 땐 단호하고도 절제 있게 분노를 표현하고, 상황에 맞는 자연스러운 두려움을 인정할 줄 알아야 마음이 건강하고 행복한 것이다.

크래핑, 슬픔과 기쁨은 하나의 세트

슬픔, 기쁨, 분노, 두려움, 미움, 사랑, 욕망. 이 일곱 감정들은 마치 형형색색 무지개처럼 저마다 자기 색을 뽐내며 우리 마음속에 자리잡고 있다. 그럼에도 어찌 되었건 긍정적인 감정과 부정적인 감정은 서로 반대편에 있는 것처럼 여겨진다. 기쁨이 내 감정을 지배하면 슬픔은 구석에 웅크리고 있어야 하는 것처럼 보인다. 내가 슬픔에 휩싸이면 기쁨의 에너지도 빛을 잃을 것 같다.

그러나 실상 반대되는 것들은 서로의 존재를 필요로 한다. 상대방이 있어야 비로소 자기의 가치가 만들어지는 것이다. 슬픔이 없는 기쁨, 미움이 없는 사랑, 두려움이 없는 용기는 제대로 존재할 수가 없다. 내 마음속에 온통 기쁨만이 가득하다면 그것은 더 이상 기쁨이 아니다. 항상 슬프기만 하다면 주위의 걱정을 사듯이, 매일매일 온통 즐겁기만 하다면 그것도 정상은 아니다.

감정의 기복이 너무 커서 불안정한 것도 문제지만, 한 가지 감정에만 빠져 있는 것도 건강한 상태는 아니다.

실상 슬픔과 기쁨, 미움과 사랑, 공감과 혐오 등의 대립감정들은 서로 상대를 없애야 하는 적대 관계가 아니라 상황에 따라 적절하게 대응하며 우리의 삶을 유지하는, 늘 함께해야 하는 동반자인 것이다. 긍정적 감정과 부정적 감정은 함께 짝을 이루며 서로를 통해 더 완전해지는 관계이다.

이 책의 제목 '크래핑(craughing)'은 울음(crying)과 웃음(laughing)을 합친 말이다. 우리는 감정이 고양되면 흔히 울다가 웃거나, 웃다가 울기도 한다. 하지만 크래핑에는 울음과 웃음을 합친 것 이상의 의미가 있다.

크래핑은 단순히 울고 웃고, 웃고 우는 감정 상태만을 부르는 것이 아니다. 일단 울음과 웃음은 각각 슬픔과 기쁨이라는 감정을 상징한다. 또한 슬픔과 기쁨은 부정적 감정과 긍정적 감정을 대표하는 감정들이다. 그래서 '크래핑'이라는 단어에는 슬픔이라는 감정과 기쁨이라는 감정 사이, 혹은 부정적 감정과 긍정적 감정 사이에 존재하는 어떤 특별한 관계가 함축되어 있다.

우리의 마음은 긍정적 감정들과 부정적 감정들이 서로 대립하면서도 다른 차원에서는 서로 연결되어 하나의 시스템으로 공존하게 되어 있다. 기쁨과 슬픔도 하나의 쌍으로서 서로 대립하면서 동시에 서로 긴밀하게 연결되어 있다.

마치 심장 박동에서 수축과 이완이 생명을 지속하는 하나의 리듬을 구성하듯이, 기쁨과 슬픔도 하나의 세트로서 우리의 삶을 움직이는 기본 감정이다. 우리의 삶이 운동경기라면 기쁨과 슬픔은 한 팀을 구성하는 대표 선수이고, 자동차라면 흡기와 배기를 구성하는 하나의 엔진이라고 할 수 있다.

슬픔과 기쁨, 울음과 웃음뿐 아니라 미움과 사랑, 두려움과 용기, 혐오와 공감도 마찬가지다. 그래서 우리는 울음과 웃음 혹은 슬픔과 기쁨을 따로 구분하여 부르기도 하지만, 우리의 삶을 추동하는 감정 시스템 전체를 생각할 때는 그 둘의 관계를 고려하여 '크래핑'이라 부르고 싶다.

마음의 묘약

이 책의 차례는 칠정의 순서를 그대로 따르지 않았다. 그 대신 슬픔을 기쁨 앞에, 미움을 사랑 앞에 놓았다. 사람들은 그동안 마치 형과 아우 이름을 부르듯 '기쁨과 슬픔', '사랑과 미움'으로 그 감정들을 불러왔다. 무대의 주인공은 항상 기쁨, 사랑, 용기의 차지였다.

하지만 우리는 이 책에서만큼은 기쁨, 사랑, 용기에 가려져 천덕꾸러기 취급을 받고 있는 슬픔, 미움, 두려움이라는 감정에 먼저 귀기울여 주고 싶다. 무엇보다도 그런 감정들이 매일매일의 일상에서 애쓰고 고민하며 살아가는 평범한 우리 이웃의 삶을 지배하고 있기에 더욱 그렇다.

감동적인 공연은 관객들을 울렸다 웃겼다 들었다 놓았다 쥐락펴락한다. 우리는 웃다 울고, 울다 웃는 순환 속에서 응어리가 풀리고 카타르시스를 느낀다. 쾌감은 웃음과 울음의 교차점에서 더 크게 오는 법이다. 슬플 때 목놓아 울 수 있고 기쁠 때 크게 웃을 수 있는 사람이 행복한 사람이다. 또 잘 웃어야 잘 울 수 있고, 잘 울어야 잘 웃을 수 있다. 행복은 그 속에 있다.

우리의 마음은 한쪽 감정에 치우치지 않고, 반대되는 감정들이 역동적으로 함께 살아 움직일 때 한층 더 큰 에너지를 갖게 된다.

건전지는 플러스 극과 마이너스 극이 있어서 서로의 전압 차이로 에너지를 만들어내며, 플러스와 마이너스가 제 기능을 충분히 발휘할 때 더 큰 에너지가 만들어진다. 슬픔과 기쁨, 미움과 사랑, 혐오와 공감의 감정들도 신에게서 제각각 부여받은 본래의 역할을 살리면서 조화롭게 왈츠를 출 때 우리 삶의 에너지는 더욱 충만해진다.

살아가면서 때로는 낙관적으로 때로는 비관적으로 될 수 있다. 같은 일이라도 긍정적으로 생각할 수도 있고 부정적인 면을 더 중시할 수도 있다. 하지만 우리는 어떤 방식으로든 매 순간 주어진 감정들을 느끼고 표출하면서 원하는 삶을 향해 한 걸음 한 걸음 나아간다.

생각해보면 기쁘거나 슬픈 모든 감정들이 우리에게 살아가는 에너지가 되고 곤경을 이겨내는 힘을 준다. 무엇보다도 희로애락의 모든 감정을 느낀다는 사실 자체가 우리가 살아 있다는 징표다.

우리가 일상생활에서 크고 작은 행복을 느끼는 데에 감정이 중심이 된다면, 뇌과학에서는 호르몬이 중심이 된다. 우리를 행복으로 이끄는 '마음의 묘약'이 존재한다면 그것은 아마도 '희로애구애오욕'의 모든 감정을 제때에 알맞게 느끼도록 하여 만족감에 도움을 주는 무엇일 것이다. 좋은 기분은 물론 나쁜 기분도 상황에 맞게 지나치거나 모자라지 않게 느끼고 표출하여 만족감을 맛보도록 해주는 것, 우리가 느끼는 모든 감정을 살아가는 에너지로 바꾸어주는 그런 묘약은 어디에 있을까.

다행히 현대 뇌과학의 도움으로 우리는 일상의 사소한 습관과 행동을 통해 마음을 다스리고 감정을 움직이는 것이 가능해졌다. 감정과 연관되어 있는 뇌내 물질의 작동 방식을 이해하고 그 메커니즘에 따라 생각하고 느끼고 행동하는 패턴을 바꾼다면, 아주 작은 변화를 통해서도 삶의 에너지를 키우고 만족도를 높이는 방향으로 전환시킬 수 있다. 그곳에 우리가 찾는 행복의 비밀이 있을지 모른다.

우리 모두는 뇌 안에 행복을 주는 신비로운 묘약을 가지고 있는 셈이다.

7장 | 내가 원하고 좋아하는 것이 나를 기쁘게 한다

1장

슬퍼서 행복하다

Craughing : crying + laughing

슬픔을 흠뻑 느껴라. 우울증이 예방된다

악어의 눈물

오셀로: 오 악마, 악마 같은 년!

대지가 여자들의 눈물로 자식을 낳을 수 있다면,

그녀가 흘리는 눈물은 방울방울 모두 악어가 될 것이오.

썩 꺼져버려!

셰익스피어어의 비극 〈오셀로〉의 4막 1장 중 일부이다. 당시 인간으로 취급받지 못했던 흑인이었지만 뛰어난 지략과 무예로 키프러스 총독의 자리에 오른 주인공 오셀로. 그러나 그는 교활한 이아고의 계략에 말려들어 아무 잘못도 없는 사랑하는 아내 데스데모나의 정절

25

을 의심하고 그녀를 '악어의 눈물'을 흘리는 가증스러운 위선자로 묘사한다. 결국 자기 손으로 아내를 목 졸라 죽이고, 단검으로 자신의 가슴을 찌른 후 데스데모나에게 마지막 키스를 한 뒤 숨을 거둔다.

셰익스피어는 그의 작품에 '악어의 눈물'을 위선의 상징으로 즐겨 썼다. 초기작품인 〈헨리 6세〉와 〈안토니와 클레오파트라〉에도 악어의 눈물이 등장한다.

'악어의 눈물'은 위선적인 거짓 눈물의 대명사다. 마음에도 없는 거짓으로 회한을 나타낼 때, 가식적인 슬픔을 표현할 때, 남의 동정을 얻기 위해 흘리는 눈물이 악어의 눈물이라 할 수 있다. '악어의 눈물'의 유래는 13세기로 거슬러 올라간다. 당시 프랑스의 한 수도승인 앵글리쿠스(Anglicus)가 자연과학사전에 다음과 같이 썼다고 한다.

> 만일 악어가 물가에 있는 사람을 발견하면 죽인 후 눈물을 흘리며 슬퍼하면서 먹어 치울 것이다.

먹이를 집어삼킬 때 악어는 먹히는 동물의 죽음을 애도하기라도 하듯 눈물을 흘린다. 악어는 흡사 눈물로 먹잇감을 유인하는 것 같다. 이상한 낌새를 못 채고 다가오는 먹잇감은 악어에게 잡아먹힐 뿐이다. 무자비하고 포악한 악어가 먹이 앞에선 눈물을 보이는 묘한 아이러니 때문에, 이 표현은 지금까지도 문학작품이나 대중매체에서 널리 쓰이고 있다.

음식을 먹을 때 눈물을 흘리는 '악어눈물 증후군'이란 신경증상이 있다. 음식을 보기만 해도, 또는 맛있는 음식을 떠올리기만 해도 눈물을 흘리니 참으로 난처한 일이다. 말초성 안면신경마비(벨 마비, Bell's palsy), 일명 구안와사 환자들의 일부에서 나타나는 후유증이다.

벨 마비는 안면신경이 바이러스에 감염되는 병으로, 한쪽 얼굴에 마비가 와서 눈을 감지도 못하고 입꼬리가 올라가지도 않는다. 증상이 비슷하지만 뇌졸중과는 다른 병이다. 그런데 신경손상 후 재생과정에서 원래 없던 새로운 신경회로가 우연히 만들어질 수 있다. 즉, 침을 분비하는 신경핵이 눈물을 분비하는 신경다발과 잘못 연결되는 것이다. 그러다 보니 음식을 먹거나 음식 생각으로 입에 침이 고이기만 해도 동시에 눈물도 흘리게 된다.

그런데 악어는 정녕 악어의 눈물을 흘리는 위선적인 동물인가? 악어가 눈물을 흘리는 것은 사실이다. 악어도 우리처럼 눈물샘에서 눈물을 분비한다. 눈물은 눈에서 윤활제 역할을 하여 눈의 표면을 보호하고 세균번식을 줄여준다. 악어가 물 밖으로 오랫동안 나와 있으면 눈이 서서히 마르기 시작하는데, 이때 악어는 눈물을 흘리게 된다.

또한 어느 정도 염분이 있는 물에서 서식하는 악어로서는 체내 수분을 유지하기 위해 고농도의 짠물을 분비할 필요가 있다. 눈물을 통해 체내 수분을 빼앗기지 않고 잉여의 염분을 몸 밖으로 배출할 수 있는 것이다. 따라서 악어가 먹이를 먹으면서 눈물은 흘릴지언정 실제로 '우는' 것은 아니다. 포악하면서도 교활하고 위선적인 동물로 묘사되어 왔던 악어로서는 억울하기 짝이 없는 일이다.

우리는 어떻게 우는가?

인간이 세상에 나와 처음으로 하는 일은 큰 울음을 터뜨리는 것이다. 아기는 배우지 않고도 울 줄 안다. 울음은 갓 태어난 아기의 뇌에 이미 내장된 기능이다. 울음소리가 클수록 건강하다는 신호다. 아기의 울음소리가 클 수밖에 없는 이유는, 아마도 아기가 할 수 있는 거의 유일한 행동이기 때문일지도 모른다.

아기들은 하루에 1시간에서 3시간 정도 운다. 아기들은 울음으로 부모나 보호자와 소통한다. 생후 수개월까지 눈물을 흘리지 않으면서도 자주 우는 걸 보면, 아기에게 울음은 언어나 마찬가지다. 우는 이유도 매우 다양하다. 배가 고파서, 배가 아파서, 목이 말라서, 혹은 피곤해서, 졸려서, 따분해서, 너무 더워서, 너무 추워서 그리고 기저귀가 젖어서도 운다.

아기의 울음소리는 내게는 똑같이 들린다. 그런데 엄마들은 아기가 우는 이유를 곧잘 알아맞힌다. 때에 따라 척척 기저귀를 갈아주거나 젖병을 입에 물려준다. 그러면 아기가 울음을 뚝 그친다. 아마도 엄마가 되면 아기의 울음을 번역해내는 능력을 갖게 되는가 보다.

아기가 좀 더 크면 울음소리도 다양해진다. 필요에 따라 높이나 세기를 달리하여 울 줄 안다. 아기는 10개월쯤 되면 단순히 관심을 끌기 위해 울 줄도 알게 된다. 누가 아기의 울음을 무시할 수 있겠는가? 교묘하게 남을 조종하는 눈물이 이때부터 시작되는 셈이다.

실제로 눈물은 어떻게 이루어져 있을까? 눈물샘을 통해 배출되는 단백질, 점액, 기름기가 혼합된 짭짤한 액체가 눈물이다.

　　눈물에는 세 가지 형태가 있다.

　　눈을 깜빡일 때마다 분비되는 기초눈물(basal tear)이 첫째다. 기초눈물은 눈을 촉촉이 적셔주는 윤활제 역할을 한다. 또 눈을 청소하고 빛이 잘 투과하도록 해준다. 기초눈물은 건강한 눈을 유지하는 데 필수다. 이 눈물이 부족하면 물체가 찌그러져 보이거나 시력이 떨어지기도 하고, 눈동자를 움직일 때 통증을 느끼기도 한다.

　　두 번째는 반사적 눈물(reflex tear)로서, 눈이 자극을 받을 때 나오는 눈물이다. 마늘이나 양파를 깔 때, 눈에 이물질이 들어갔을 때 흐르는 눈물이다. 각막에 존재하는 통증감각신경이 뇌간에 신호를 보내고, 이어 뇌간이 눈물샘을 자극해 눈물이 분비된다. 배우들은 억지로 울수 있는 기술을 저마다 갖고 있다. 양파가 좋은 도구가 될 수 있고, 글리세린 방울을 눈에 떨어뜨리면 아름다운 눈물이 뺨에 뚝뚝 떨어진다.

　　세 번째 유형이 정서적 눈물(emotional tear)이다. 우리가 감정에 휩싸일 때 뇌는 눈물샘에 신경전달물질을 보낸다. 땅콩껍질 모양의 눈물샘은 눈의 바깥쪽 윗부분에 위치하며, 이곳에서 눈물을 만들고 분비한다. 대부분의 눈물은 눈 표면으로 흘러내려 뺨을 적시지만, 일부는 눈꺼풀 모서리에 있는 눈물길(누관)로도 배출된다. 이 눈물길이 비강과 연결되어 있어 크게 울 때는 콧물이 덩달아 줄줄 흐르기도 한다.

슬픔의 뇌과학

뇌를 자극하면 하염없이 울음을 터뜨리게 하는 특정 부위가 있을까? 파킨슨병은 손이 떨리고 몸이 구부정해지고 행동이 느려지면서 종종걸음을 걷게 되는 퇴행성 신경질환이다. 병이 상당히 진행된 경우에는 약물도 잘 듣지 않아 심부뇌 자극술(deep brain stimulation)을 시행하기도 한다. 뇌 특정부위를 자극하여 전류를 흐르게 하면 손 떨림이나 보행 장애와 같은 증세를 개선하는 데 효과가 크다.

영국의 한 병원에서 파킨슨병을 가진 60대 여성을 상대로 심부뇌 자극술을 시도하고 있었다.[3] 그러던 중 여인이 갑자기 슬픔에 휩싸여 울면서 절망감을 호소했다. 마치 깊은 늪 속으로 빠져들어가는 것 같다며 자신은 아무짝에도 쓸모가 없다고 했다. 무언가 잘못되었음을 직감한 의사는 뇌자극을 멈추었고, 그녀는 곧 원 상태로 되돌아왔다.

급격한 정서적 반응을 보인 여인이 자극받은 뇌는 바로 시상밑핵(subthalamic nucleus)이었다. 단순히 뇌의 특정 부위를 자극함으로써 슬픔과 울음이 유발되었다는 것이 흥미롭다.

'슬픔과 뇌'에 관한 스물두 개의 연구들을 분석한 결과에 의하면, 우울증이 없는 참가자들에게 슬픈 사진이나 영화를 보여주고 아픈 과거를 떠올리게 하여 슬픈 감정을 유도했을 때, 무려 70개의 서로 다른 뇌영역의 활동이 감지되었다.[4] 편도체와 해마가 대표주자이고 전전두엽(prefrontal cortex), 전대상회(anterior cingulate cortex), 도피질(insula), 시상등도 여기에 포함된다.

슬픈 감정에 이렇게 광범위한 뇌 활동이 연관되어 있다는 설명이 과연 타당할까? 과학자들은 그렇다고 믿는다. 이 영역들은 고통, 사회적 고립, 기억, 보상, 주의, 신체감각, 의사결정, 정서표현 등을 처리하는 곳이다. 이들 모두가 슬픔이라는 복잡한 감정에 기여하는 것이다.

행복과 슬픔은 정반대의 상태 같아서, 우리의 뇌 활동도 뚜렷하게 다를 것 같다. 과연 그럴까? 실험 참가자들에게 역시 영화장면을 보여주거나 자신의 과거를 떠올리게 하여 행복감과 슬픔을 유도하고, 영상으로 뇌반응을 확인해보았다.[5] 슬플 때나 행복할 때 모두 활성화되는 뇌는 시상과 전전두엽이었다. 전전두엽은 정서상태를 모니터링하여 그 감정이 무엇이건 그에 대해 적절한 반응을 만들어내는 곳이다. 반면 시상은 감정에 대한 반응이 실행되는 과정에 관여한다.

행복의 뇌활동과 슬픔의 뇌활동은 놀랍게도 서로 닮은 꼴이다. 자식이 장성하여 부모 곁을 떠나 더 넓은 무대로 나아갈 때, 눈에 넣어도 아프지 않을 딸이 결혼할 때, 부모는 슬프면서도 행복하다. 헤어짐의 아쉬움과 자녀의 성장을 지켜보는 벅찬 감격을 동시에 느끼는 것이다.

그런데 정말 흥미로운 사실은, 슬픔의 뇌와 우울증의 뇌가 매우 다르다는 점이다.[6] 슬픔과 우울증이 둘 다 전전두엽과 관련 있다는 점은 유사하지만, 전전두엽의 작동방식은 두 경우에 상당한 차이가 있다. 이를테면 일상적인 슬픔에서는 전전두엽이 활성화되지만, 우울증의 경우에는 그 작동을 멈춘다. 그것은 슬픔이 오래 지속되어 우울증에 다다르게 되면 전전두엽의 활동이 모두 소진되어서 그런 것일 터다.

우울증이 심한 사람들은 더 이상 슬픔을 느끼지 못한다. 우울증은 아무런 감정이 없이 무딘 상태이다. 역설적이게도 슬픔의 뇌는 우울한 뇌보다 오히려 행복한 뇌와 가깝다. 예로부터 희랍인들은 슬픔 속에는 어느 정도 쾌감이 섞여 있고, 우는 데에는 어떤 쾌감이 있다고 했다.

우리가 슬픔을 느낄 수 있다는 것은 여전히 우리가 행복감을 맛볼 수 있다는 의미다. 그러니 슬플 때는 억지로 참으려고 애쓰지 말자. 그보다는 때때로 슬픔에 빠져서 슬픔의 감정을 깊이 느껴보자. 슬픔의 정원 뒤쪽에는 행복으로 이어지는 오솔길이 숨겨져 있을지 모른다.

눈물은 공감이다.
남들이 울 때 같이 울어라

눈물은 사회적 신호

눈물은 불편하다. 눈물은 시야를 흐리게 하고, 많이 울고 나면 눈도 퉁퉁 붓는다. 그런데 왜 우리는 눈물을 흘리는 것일까?

인간이 눈물을 흘리는 이유로 여러 설명이 가능하다. 진화론적으로 인류가 염분이 많은 바다생활에 적응하기 위해 눈물을 흘렸다는 가설이 있다. 그런가 하면 공격자들에게 눈물을 보임으로써 (우는 자에게는 해를 끼치지 않으므로) 생존을 유지하기 위한 수단이라는 설명도 있고, 눈을 세균으로부터 보호하기 위해서라는 생물학적 설명까지 다양하다.

그러나 눈물도 웃음과 마찬가지로 사회적 신호라는 설명이 가장 주목할 만하다. 눈물은 가까이 있는 사람에게 보내는 신호이다. 원숭이, 코끼리 등 일부 동물들도 눈물을 보인다고 알려져 있지만, 감정에 휩싸여서 흘리는 눈물은 인간만이 갖고 있다.

눈물은 상징성이 크다. 눈물은 종종 무력감을 나타낸다. 내가 처한 상황에서 할 수 있는 것이 아무것도 없을 때 절망감에 눈물을 흘린다. 고통이나 위험에 빠져 도움이 필요할 때도 눈물을 흘린다. 이때의 눈물은 백 마디 말보다 더 강한 시각적 신호를 보낸다. 성인에 비해 취약한 조건인 어린아이들이 눈물을 많이 보이는 것도 그 때문이다.

아기들이 관심과 보호를 받고자 할 때 무엇부터 하는가? 아기들의 울음은 어른에겐 경보장치나 마찬가지다. 어린아이의 울음은 부모에게 보호받고 자신을 지키기 위해 수천 년에 걸쳐 인류에게 지속되고 있다. 어른도 마찬가지다. 우는 사람에게는 따지거나 벌을 주기가 어렵다. 눈물을 흘리는 사람을 보면 지지해주고 싶어진다. 그래서 타인의 마음을 조종하여 자기가 원하는 바를 얻고자 할 때 눈물이 이용되기도 한다.

최루성 영화를 친구와 함께 보면서 실컷 울고 나면 기분이 한결 좋아진다. 하지만 같은 영화를 홀로 실험실 조건에서 볼 때는 그만큼의 변화는 없다고 한다.

누군가 내 눈물을 지켜보고 있을 때 눈물의 의미나 효과가 더 커진다. 그러나 남에게 눈물을 보이는 것은 여전히 어색한 일이다. 게다가 자칫 위험한 일이 될 수도 있다. 상대에게 자신의 나약함을 드러내는 것이기 때문이다. 따라서 어떤 상황에서 누구에게 눈물을 보일지를 신중하게 선택해야 한다. 잘못하면 친밀도를 높이기는커녕, 눈물을 흘리는 당사자나 지켜보는 상대방에게 당혹감만을 안겨줄 수가 있다. 또한 눈물이 나약함을 의미하는데도 다 큰 어른들이 우는 경우도 많다.

울음은 평생에 걸쳐 지속되는 행동이다. 눈물이 지금까지도 인류에게 존재하는 것은 눈물이 우리의 삶에 도움이 되기 때문일 것이다.

남자와 여자의 울음

울음만큼 남녀 차이가 큰 감정반응도 없을 것이다. 여성은 1년에 서른 번에서 예순 번 정도 울고, 남성은 여섯 번에서 열일곱 번 정도 운다고 한다. 여성은 한 번 울 때 6분 정도 울고, 남성은 2분에서 4분여간 운다. 여성의 3분의 2는 울음이 흐느낌으로 변하는 데 반해, 남성들은 고작 6%만이 그렇다고 한다. 그러나 이러한 성별 차이는 사춘기 이전에는 거의 나타나지 않는다. 차이가 뚜렷해지는 것은 사춘기 이후부터다.

그것은 남성호르몬인 테스토스테론과 여성호르몬인 에스트로젠의 영향 때문이다. 유즙분비 호르몬인 프로락틴도 울음의 남녀 차이에 한몫을 한다. 열여덟 살쯤이 되면 여성의 프로락틴 농도는 남성보다 50%에서 60% 정도 높아진다.

여성이 눈물이 더 많은 데는 누관 구조의 역할도 있다. 일종의 눈물의 배수관격인 눈물길은 남성의 것이 여성의 것보다 더 크다. 그래서 같은 양의 눈물을 흘릴 때 남성의 눈물은 대부분 눈물길로 빠져

나가지만, 여성의 눈물은 두 뺨 위로 넘쳐 흘러내리게 된다. 남성의 눈물은 대부분 눈에 방울이 맺히는 정도로 끝나지만, 여성의 눈물은 뺨을 흘러내리는 경우가 훨씬 많다.

울음의 남녀 차이가 발생하는 데는 생물학적 원인 못지않게 사회적인 관습도 상당히 기여한다. 남자는 쉽게 눈물을 보여서는 안 된다고 끊임없이 배워왔다. 눈물이 맺히기 시작할 때 울음이나 흐느낌으로 넘어가지 않도록 자신을 진정시키고 인내하는 방법을 남자들은 발전시켜왔다.

남성호르몬인 테스토스테론은 감정적인 자극이 울음으로 발전하지 않도록 제동장치 역할을 한다. 그런데 애써 울음을 참는 것은 정도의 차이는 있을지언정 여성도 마찬가지일 것이다. 드라마나 영화에서 배우가 도에 넘치게 굵은 눈물을 줄줄 쏟아내는 장면은 때때로 비현실적으로 보인다. 눈물이 줄줄 흘러내리는 것보다 쏟아지려는 눈물을 애써 삼키는 모습이 현실에 더 가깝게 느껴진다.

아무튼 남성이 여성보다 눈물을 덜 흘리는 것을 기정사실로 인정한다고 하더라도, 남자들 자신이 스스로 울음 빈도를 낮게 보고할 가능성도 배제할 수는 없다. 웬만한 여자보다 더 많이 우는 남자들이 제법 있으니까 말이다.

그런데 중년이 지나면서 남녀 사이에 울음의 정도 차이는 역전이 된다. 중년 이후의 여성들은 눈물이 점점 줄어들고 그에 반해 화는 더 잘 내게 된다. 여성호르몬의 분비가 줄면서 상대적으로 남성호르몬의 비율이 높아져서이다. 갱년기를 겪으면서 욱하고 버럭 화를 내는 중년여성들이 많아지는 것과는 반대로, 중년의 남자들은 나이가 들어갈수록 화는 덜 내고 눈물이 더욱 많아진다. 삶의 연륜으로 이타심이나 동지애 혹은 도덕심이 높아져서일 수도 있지만, 그보다는 나이가 들면서 남성호르몬이 감소한 탓이 더 클 것이다.

그런데 남녀 사이에 차이가 없는 부분도 있다. 울음이 주는 긍정적인 효과는 남녀간에 거의 차이가 없었다. 여성의 85%, 남성의 73%는 실컷 울고 나서 모두 기분이 좋아졌다고 했다.

혹시 여성의 눈물이 남성에게만 주는 어떤 특별한 의미가 있을까? 여인의 눈물을 적신 솜털과 생리식염수를 적신 솜털을 (성분은 다르지만 냄새는 동일하다) 20대 젊은 남성들에게 냄새를 맡게 하였다.[7] 이어서 여성들의 얼굴 사진을 보여주며 성적 매력을 점수로 매기게 했고, 남성호르몬인 테스토스테론도 측정했다. 그랬더니 눈물을 맡은 남성들은 생리식염수를 맡은 남성들에 비해 여성의 매력 정도를 낮게 매겼고 남성호르몬 수치도 낮았다.

다음에는 성적으로 자극적인 영화 장면을 보여주면서 뇌영상을 촬영했다. 이번에도 눈물의 냄새를 맡은 남성 쪽이 성적 흥분에 관련된 시상하부(hypothalamus)의 활동이 더 낮았다.

연구 결과에 따르면, 일단 여자의 눈물이 남자를 성적으로 흥분시키는 일은 드문 것 같다. 여인의 눈물은 "오늘은 안 돼요"라고 말하는 일종의 언어 역할을 하는 셈이다.

행복의 눈물

눈물은 때때로 기쁨과 환희, 행복감의 표현이기도 하다. 훌륭하게 성장하여 더 큰 세상으로 나아가기 위해서 고향을 떠나는 자랑스러운 자식을 보며 부모가 흘리는 눈물, 나라를 위해 위험한 작업 현장에 나갔다가 무사히 돌아오는 남편을 바라보는 아내의 눈에 맺히는 눈물이 바로 그것이다. 그런가 하면 지극히 아름다운 것을 보아도 우리는 눈물을 흘린다. 음악이나 미술, 문학과 같은 예술작품이 우리의 감성을 자극해 눈물을 흘리게 만든다.

행복감에 흘린 눈물은 슬퍼서 흘린 눈물과 어떻게 다를까? 행복과 슬픔은 정반대의 감정일 것 같은데 어떻게 '눈물'이라는 동일한 결과물을 쏟아내는 것일까? 그 이유는 우리 뇌 속 시상하부 (hypothalamus)가 멍청하기 때문이다.

슬픔이든 행복이든 강렬한 감정을 느낄 때 편도체가 흥분한다. 편도체는 아몬드 모양의 작은 뇌구조물인데 정서적인 기억의 저장고다. 이어 편도체는 시상하부로 신호를 보낸다. 그런데 이 시상하부는 편도체로부터 오는 강렬한 신호의 원인을 구분하지 못한다. 그것이 행복감 때문인지 슬픔 때문인지 영문을 모른 채 시상하부는 부교감신경계를 활성화한다. 이제 부교감신경은 아세틸콜린이라는 신경전달물질을 분비하여 눈물샘을 자극한다. 행복감이든 슬픔이든 그 감정이 어떤 임계점을 돌파하는 순간 눈물샘이 강하게 자극을 받는다. 그것은 마치

물이 비등점에 도달하면 끓는 것과 유사하다.

　행복감과 슬픔은 모두 격한 감정상태에서 발생한다는 공통점이 있다. 슬픔의 눈물이 타인의 위안과 도움을 이끌어낸다면, 행복해서 흘리는 눈물은 함께 있는 상대와의 유대를 강화하는 효능이 있다.

　타인의 표정을 읽을 때도 눈물의 존재 여부는 중요한 역할을 한다. 눈물이 있으면 슬픈 표정이란 걸 쉽게 알아차린다. 만약에 눈물을 흘리는 슬픈 얼굴 사진에서 눈물을 지우면 어떻게 될까? 역시나 사람들은 사진 속의 얼굴 표정을 읽는 데 혼란스러워했다. 눈물이 있을 때는 단연코 슬픔의 표정이었던 것이 눈물을 지우니 당황이나 놀람의 표정으로 해석되기도 했다.

　감동의 눈물을 흘리는 사람들의 표정은 다소 묘한 구석이 있다. 거기엔 눈물을 흘리는 슬픈 표정과 함께 행복감에 젖은 미소도 옅게 드리워져 있었기 때문이다. 슬픈 눈물과 행복한 미소, 얼핏 어울리지 않는 두 감정의 표현이다. 하지만 상반된 두 감정의 표현이 하나의 얼굴에 동시에 나타나는 것이 전혀 어색해 보이지 않는다. 오히려 눈물이 없다면 그 표정은 낯설어 보일 것이다.

눈물은 공감이다

　얌전하고 수줍어 보이는 학생이 무대 위로 천천히 걸어 들어온다. 세 살 때 그는 부모로부터 고아원에 버려졌다. 다섯 살 때는 고아원을 탈출했다. 그 이후 정말 힘들게 근근이 생계를 유지하며 버틴 삶. 그의 비극적인 삶의 이야기에 사람들은 별다른 반응이 없었다. 그러나 그가 아름답고도 힘 있는 목소리로 노래를 부르자 전율을 느낀 청중들의 눈시울이 붉어졌다. 왈칵 눈물을 쏟는 사람도 있었다. 이날 무대의 주인공은 〈코리아 갓 탤런트〉에 출연한 최성봉이었다.

눈물이 자신의 슬픔이나 나약함 혹은 기쁨을 나타내는 신호이기만 한 것은 아니다. 타인의 슬픔과 고통에 대해 흘리는 눈물은 상대를 향한 공감의 표현이다. 공감이란 상대방의 입장이 되어 보는 것, 타인의 고통이 어떠할지 상상하는 것이다. 설령 내가 직접적으로 고통받지 않더라도 우리는 타인의 고통에 눈물을 흘릴 수 있다. 같은 대화, 같은 얼굴 표정이라도 눈물이 있고 없고에 따라 상대에게 전달되는 느낌은 판이하다.

눈물은 내 감정을 일방통행으로 타인에게 전달하는 역할에만 머무르지 않는다. 나의 눈물을 목격하는 사람에게 강한 감정을 불러일으키기도 한다. 나는 가수의 감동적인 노래보다도 그것을 지켜보는 사람의 눈물을 보며 울컥한 적이 더 많았다. 나의 뇌가 눈물을 흘리는 타인의 뇌와 공명을 한 것이다. 이는 바로 우리 뇌에 남의 행동을 모방하는 '따라쟁이'가 있기 때문이다. 이 특별한 신경세포를 미러뉴런(또는 거울뉴런, mirror neuron)이라 부른다.

옆에 있는 동료가 찻잔을 집는 것을 보기만 해도 나의 뇌는 마치 내가 찻잔을 집는 듯이 활성화된다. 옆 사람이 웃으면 나도 모르게 따라 웃고, 하품을 하면 나도 따라 하품을 하고, 친구가 음식을 먹고 역겨워하면 내 표정도 덩달아 일그러지는 이유다.

타인의 눈물에 대한 공감은 우리 뇌에 내재된 기능일까? 언어가 출현하기 이전부터 눈물이 존재했을 것이라는 가설이 있다. 타인의 고통과 슬픔에 대한 이해와 공감능력이 형성되면서 정서적인 눈물이 시작되었을 것이라고 보는 견해다. 아기들도 자신의 울음소리를 들을 땐 따라 울지 않다가도, 다른 아기가 울 때는 따라 운다고 한다.

인간은 문자로 소통하기 이전에 감정으로 소통을 먼저 시도한 셈이다. 이런 면에서 눈물은 언어가 태동되기 이전부터 나타났을 가능성이 높다는 것이다. 공감을 잘 하는 사람일수록 눈물이 많고, 잘 우는 사람이 진화론적으로 더 잘 생존했을 수 있다.

공감의 눈물은 주변 사람들에게 신뢰를 주어 유대감을 강화하는 역할도 한다. 우리는 함께 울면서 하나가 된다. 한 자리에서 최성봉의 노래를 듣는 청중들의 표정에는 눈물과 함께 행복에 젖은 옅은 미소가 어우러져 있었다. 감동적인 영화를 보며, 음악을 공유하며 같이 눈물을 흘리면서 사람들은 이전보다 더 가까워진다. 가끔씩은 좋아하는 사람과 함께 눈물을 흘릴 수 있는 감동적인 이벤트나 상황을 만들어 보는 것도 좋은 방법이다.

때때로 한 방울의 눈물이 수천 단어의 말보다 더 큰 힘을 발휘한다. 눈물은 공감을 완성하는 화룡점정이라 할 수 있다.

혼자서 실컷 울 수 있는 나만의 다락방을 만들어라

눈물의 건강학

혹시 반사적으로 흘리는 눈물과 정서적인 눈물 사이에는 성분의 차이가 있을까? 흥미롭게도 두 눈물은 내용물에서 큰 차이가 있다. 반사적 눈물은 98%가 수분으로 이루어져 있는 반면, 정서적인 눈물에는 여러 성분이 포함되어 있다. 정서적인 눈물은 반사적 눈물에 비해 부신피질자극호르몬, 프로락틴, 망간 등의 수치가 높다.

부신피질자극호르몬은 스트레스 호르몬인 코티졸 분비를 촉진한다. 프로락틴은 원래 젖 분비를 촉진하는 호르몬인데, 스트레스 상황에서도 상승한다. 또 정서 눈물의 망간 농도는 혈액의 망간 농도보다 서른 배 높다. 망간에 장기간 노출되어 있으면 불안, 신경증, 짜증,

피곤, 공격성 등이 생긴다. 만성 우울증을 앓고 있는 사람들은 망간 수치가 높다.

결과적으로 정서적인 눈물을 흘리면 체내 부신피질자극호르몬, 프로락틴, 망간이 감소하는 효과를 가져오고, 덕분에 기분이 좋아지고 편안해지는 것이다. 속상한 일이 있을 때, 실컷 울고 나면 마음이 차분해지는 이유도 눈물이 화학물질과 호르몬을 배출해서이다. 그러나 악어의 눈물로는 이러한 생화학적 변화가 일어나지 않는다.

생화학자 윌리엄 프레이(William Frey)는 오랜 기간 눈물을 연구해온 사람이다. 그는 고통이나 슬픔에서 나온 정서적인 눈물이 반사눈물보다 더 많은 독성물질을 함유한다는 사실을 발견했다. 물론 그렇다고 해서 눈물 자체가 독성물질이라는 뜻은 아니다. 슬퍼서 흘리는 눈물은 스트레스로 인해 체내에 쌓인 독소들을 제거하는 역할을 한다.

또 우는 행동은 부교감신경의 활동인데, 부교감신경은 스트레스 상황에서 혈압과 맥박을 낮춰 몸과 마음을 차분히 가라앉히는 역할을 한다. 더구나 정서적 눈물은 사랑 호르몬이라고 불리는 옥시토신의 농도를 높이기도 한다.

이렇게 본다면 눈물을 억지로 참을 때 오히려 스트레스가 상승할 가능성이 높다. 그러니 슬픔과 고통을 눈물로 방출하지 않으면 그 대신 육체가 고통 받는다는 것도 일리가 있다.

한편, 울음이 면역기능에 영향을 미친다는 연구결과도 있다.[8] 라텍스에 대한 피부알레르기를 가진 환자들에게 메릴 스트립이 주연한 영화 〈크레이머 대 크레이머〉를 시청하게 했다. 영화를 보기 전과 보고 난 후에 연구진은 라텍스를 피험자의 피부 위에 올려놓고 피부 반응을 측정해보았다. 그랬더니 영화를 보면서 눈물을 흘린 피험자들이 울지 않은 환자들에 비해 라텍스에 대한 피부반응이 더 많이 감소했다. 그들의 피부에는 염증지표인 면역글로불린의 수치도 더 낮았다. 류마티스 관절염 환자들을 대상으로 한 연구에서도, 쉽게 눈물을 흘리는 환자들이 관절염으로 인한 통증 정도가 낮았고 관절염 증상도 덜했다. 피험자들이 울고 난 후에 혈액을 채취해보았더니 관절염을 악화시키는 면역화학반응도 낮았다.

눈물은 세균과 바이러스에 대한 저항기능도 갖고 있다. 주변의 세균과 바이러스가 눈에 들어오면 눈물은 맞서 싸운다. 눈물은 단 몇 분 사이에 95%의 세균을 박멸해버리는데, 눈물 속의 리소자임(lysozyme)이라는 강력한 효소 덕분이다.

울음은 우리의 몸과 마음을 건강하게 만든다. 눈물은 해독제다.

———

슬픔의 미학

———

우리는 늘 행복을 추구하며 살아간다. 현대인들은 일상적으로 '나는 행복한가?', '나는 행복해지기 위해 무엇을 해야 하나?'를 물으며 산다. 어쩌면 우리 모두는 '행복 강박증'을 앓고 있는지 모른다. 행복을 추구하는 우리는 가능한 한 좋은 감정을 가지려고 애를 쓴다. 우리는 '좋은 감정 콤플렉스' 사회에서 살고 있다. 그러다 보니 행복하기 위해서는, 슬픈 감정보다는 즐거운 감정을 가져야 한다는 생각을 하게 된다. 슬픔은 흔히 부정적 감정 혹은 나쁜 감정으로 여겨진다. 슬픈 감정을 내쫓기 위해 무엇이라도 해야 한다고 조급해한다.

그런데 아리스토텔레스는 "위대한 사람은 원래 우울한 본성을 갖고 있다"고 했다. 동아시아 전통에서도 기쁨이 땅의 감정이라면 슬픔은 하늘의 감정이었다.[9] 먹고 마시고 번식하는 땅의 감정이 기쁨이라면, 하늘의 이상적인 가치를 지향하는 사람들을 표상하는 감정은 대체로 슬픔이었다.

이를테면 문제투성이의 부조리한 세상에서 타인을 위해 자신을 희생하겠다고 다짐하는 성직자형 인간의 마음상태를 지배하는 분위기는 대체로 진지하고 슬퍼 보일 수밖에 없다. 타인에 대한 관심과 배려는 군자의 핵심 덕목인데, 그것은 바로 어린아이가 우물에 빠지는 것을 보았을 때 깜짝 놀라 불쌍히 여기며 슬퍼하는 마음(측은지심)에서 온다.

또한 슬픔과 우울은 창조성과도 밀접한 관련이 있다. 슬픈 학생들이 즐거운 학생들보다 디테일을 기억하는 과제를 더 잘 수행한다는 보고도 있다.

무엇보다도 슬픔과 고통은 인생이라는 긴 여정을 걸어가는 데 꼭 필요한 연료와 에너지의 역할을 한다. 기쁨과 웃음이 우리에게 필요하듯이 슬픔과 울음도 우리에게 반드시 필요한 감정이다.

심리학자 융은 "우리가 저항하면 그것은 좀처럼 우리 곁을 떠나지 않는다(What we resist persists)"라고 했다. 우리가 아무리 슬픔과 같은 부정적 감정을 무시하고 외면하려고 해도, 그 감정은 받아들여질 때까지 계속 우리를 찾아오게 된다. 마음이 보내는 메시지를 받아들이거나 인정하지 않으면 그것은 부메랑처럼 다시 돌아온다. 학기를 마치지 않고 도중에 그만둔다면 다시 학교로 돌아와도 처음부터 다시 시작해야 하는 것과 마찬가지다. 우린 어차피 그 감정들을 마주해야 한다.

융의 말을 달리 표현하면 '우리가 피하지 않고 맞닥뜨리면 그 어느 것도 영원히 지속하는 것은 없다'라는 뜻이다. 버티다 보면 언젠가는 지나가게 되어 있다.

굿 크라이(Good Cry)

남자는 평생 세 번만 울어야 한다고 한다. 그렇다면 나는 남자의 자격이 없다. 같은 영화를 보고도 옆 사람은 울지 않는데 나만 눈물을 찔끔거리고 있을 땐, 나도 감정조절에 문제가 있지는 않은지 걱정되기도 한다.

하루를 온전히 사는 것은 스트레스의 연속이다. 평범한 일상에도 갈등과 충돌, 억울함과 분노, 좌절감이 우리 마음과 뇌 속에 조금씩 쌓여간다. 이 모든 감정을 가끔은 제대로 느끼고 분출할 필요가 있다. 그러나 우리는 애써 (전두엽의 힘으로) 감정을 억누르며 살도록 배워왔다. 마지막으로 실컷 운 게 언제인지도 모르겠다.

감정을 너무 억누르며 살고 있는 건 아닌지? 그것은 결국 내 감정을 죽이는 행위이다. 내 안에 그런 감정이 있는지조차 알아차리지 못하게 되기 때문이다. 자기 안의 감정이 출구를 찾지 못할 때 우울증이 생기거나 몸이 아플 수 있다.

"눈물을 통해 환기되지 못한 슬픔은 몸을 망친다(The sorrow which has no vent in tears may make other organs weep)".

영국 정신과 의사 헨리 모즐리(Henry Maudsley)의 말이다.

자존감이 높을수록 오히려 감정을 덜 억압한다. 진정 강한 사람은 자신의 감정을 있는 그대로 솔직하게 받아들이며 자신의 나약함과 두려움까지 인정한다. 그리고 그 감정을 놓아줄 줄도 안다. 실컷 울 수 있는 사람이 실로 강한 사람이다. 경기에 지고 눈물을 보인 선수가 장기적으로 보았을 때 경기력이 더 높다는 연구결과도 있다. 2014년 월드컵 알제리전, 4:2로 뒤진 상태에서 경기 종료 휘슬이 울리자 서럽게 눈물을 쏟던 손흥민 선수를 우리는 기억한다.

감정에는 좋은 감정, 나쁜 감정이 있는 것이 아니다. 감정은 그저 존재할 뿐이다. 신은 우리에게 무수히 많은 감정을 선사했다. 슬픔과 눈물도 그중 하나다. 고등언어는 인간만이 가지는 고유기능이라 했다. 하지만 언어 못지않게 울고 웃는 감정표현도 우리 인간이 가지고 있는 특별한 기능이다. 다 큰 어른이 제대로 울 때 더 큰 감동을 준다. 슬플 때 실컷 울 줄 알아야 기쁠 때 감동의 눈물을 흘릴 수 있다.

눈물은 감정의 해방이다. 내면의 무언가가 수면 위로 떠오를 때 함께 분출되는 것이 눈물이다. 자기를 둘러싸고 있는 방어막을 풀고 자신의 깊은 내면으로 발을 들여놓는 순간 마음이 스르르 녹아내리며 눈물이 흐르기 시작한다. 그렇게 한참 동안 눈물을 흘리고 나면 마치 새로운 에너지를 얻은 듯 마음이 가벼워진다. 굿 크라이는 실컷 우는 것이다. 눈가에 주름이 잡히고 눈이 감길 정도로 웃는 것이 진짜 웃음이듯이, 경계심을 내려놓고 제대로 실컷 우는 것이 굿 크라이다. 오랫동안 꿈꿔왔던 소망이 좌절될 때, 일상적 스트레스가 인내심의 한계를 넘어올 때 우리는 때때로 울고 싶어진다.

마음껏 눈물을 흘리며 실컷 울고 싶을 때는 기대고 싶은 상대가 온전히 자신을 지지해주는 것이 아닌 한 혼자 우는 것이 좋다. 그래서 우리는 혼자만의 공간이 필요하다. 실컷 울 수 있는 다락방이나 골방이 필요하다. 혼자 운전하면서 우는 사람이 많다고 한다. 자신만의 공간이 마땅히 없는 현대인에게 혼자 운전하는 차 안이야말로 가장 가까운 다락방일지도 모르겠다.

실컷 울고 싶을 때 나는 어머니 산소를 찾아간다. 그곳이 내게는 울음을 마음껏 방출할 수 있는 곳이다. 몇 년이 지났는데도 아직도 그곳에 가면 그저 하염없이 눈물이 난다. 흐르는 눈물 속에 내 마음속 찌꺼기를 깨끗이 비워내고 정화하여 새 힘을 얻는다. 눈물은 우리 안의 부정적 감정들을 포용하여 긍정적 에너지로 승화시켜주는 하늘의 선물이다.

웃음과 울음이 교차하는 영화를 보며
실컷 울고 웃어라

눈물샘이 마를 때까지 몇 시간을 실컷 울어보자. 울다 지쳐 더이상 울 수 없을 때까지 울어보자. 그렇게 '실컷' 울고 나면 울음은 점차 가벼운 흐느낌으로 삭여지고, 저 밑에 연무처럼 낮게 깔려 있는 기쁨의 기운이 조금씩 느껴지기 시작한다. 뺨에는 눈물자국이 여전히 흥건하지만 입가에는 밝은 미소가 번진다. 눈물 젖은 울음은 어느새 화창한 미소로 바뀌어간다. 우리는 자기도 모르게 울다가 웃는다. 그렇게 웃음은 즐거운 유머뿐 아니라 슬픈 울음을 통해서도 만날 수 있다.

울음을 그쳤으면 이제 미친 듯이 한바탕 웃어보자. 멈출 수 없을 정도로, 배가 아플 정도로 웃어보자. 그렇게 계속 웃다 보면 나중에 눈물이 난다. 신기하게도 우리는 울다가 웃고, 웃다가 눈물을 흘리기도 한다. 심지어는 울면서 웃고, 웃으면서 울 수도 한다. 다시 말해 크래핑(craughing : crying + laughing)을 한다. 울다 웃고, 웃다 우는 사람의 표정을 보노라면 웃고 있는지 울고 있는지 구분이 잘 안 된다. 울음과 웃음이 잇따라 나타나기도 하지만, 동시에 나타나기도 한다. '울웃다', '웃울다'와 같은 새로운 표현이 필요할지 모르겠다.

웃음을 뒤집으면 울음과 만나고, 울음은 그 끝에서 웃음과 다시 만난다. 활짝 핀 웃음꽃에는 울음의 씨앗이 숨어 있고, 눈물 속에 피어난 울음꽃 안에도 웃음의 씨앗이 들어 있다. 소크라테스에 의하면 신은 원래 고통의 감정과 쾌락의 감정을 하나로 뭉쳐서 뒤섞어 놓기로 했다고 한다. 그런데 그 일이 잘 되지 않자 이 둘을 꼬랑지끼리 붙들어 매어 놓은 것이라고. 감정의 대표 선수격인 슬픔과 기쁨, 울음과 웃음은 이렇게 하나로 연결되어 있다.

판소리 한마당은 소리 하나로 관객을 웃겼다 울렸다 한다. 뻔히 아는 줄거리를 가지고도 소리꾼은 듣는 이들의 마음을 쥐락펴락, 들었다 놓았다 하면서 카타르시스로 몰아 간다. 판소리 명창은 '울리고 웃기기'의 대가였다.[10] 소리의 장단과 입담으로 한 번은 웃음으로 한 번은 울음으로 긴장의 끈을 '당겼다 풀었다' 반복하면서 관중의 감정을 주무른다. 웃음과 울음이 교체 반복될수록 긴장은 더욱 고조되고 재미는 상승한다. 그리하여 마침내 슬퍼도 마음대로 슬퍼하지 못하고 기뻐도 마음껏 기뻐하지 못해서 맺히고 억눌린 정서가 극적으로 풀어지며 쾌감을 맛보게 된다.

감정의 대표선수인 웃음과 울음은 본래부터 하나의 팀, 하나의 세트라고 할 수 있다. 잘 웃어야 잘 울 수 있고, 잘 울어야 잘 웃을 수 있다.

감동적인 영화나 공연을 보며, 눈물을 쏙 빼는 영화나 드라마를 보며 울고 웃고, 웃고 울며 카타르시스를 느껴보자. 평소에 눈물 짜는 영화는 딱 질색이라며 가벼운 코미디나 웃기는 예능프로만 보는 성격이라면, 정신 건강을 위해서나 다양한 문화적 감수성을 기르기 위해서라도 가끔씩 눈물을 빼는 슬픈 영화를 찾아 보는 것이 필요하다.

그리고 이미 충분히 진지하고 슬픈 영화에 빠져 있는 사람이라면, 시종일관 우울한 감정만을 자극하는 영화보다는 가끔씩 웃기는 장면이나 감동적 에피소드가 들어 있어 웃음과 울음이 반복되는 쪽에 관심을 가져 보자. 웃음이나 울음이 한쪽으로만 극단적으로 쏠리지 않도록 하자. 기쁨이 기쁨으로만 방만하게 풀어지지 않고 슬픔이 슬픔에만 과도하게 빠져들지 않도록 하는 것이 행복의 비밀이다.

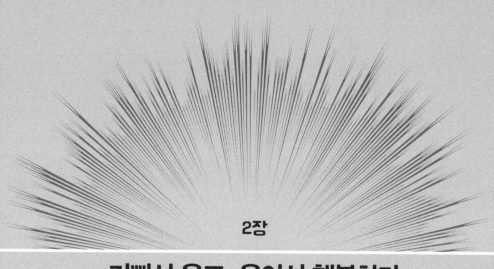

2장

기뻐서 웃고, 웃어서 행복하다

Craughing : crying + laughing

웃는 사람 옆으로 가라

웃음 전염병

이 사건은 정확히 1962년 1월 30일, 탄자니아의 빅토리아 호수 서쪽 연안에 위치한 카샤사라는 마을의 한 여학교에서 시작되었다. 세 명의 여학생들이 무심코 시작한 웃음이 학교 전체로 퍼지게 되었는데, 10대 전교생 159명 가운데 95명이 웃음에 감염되었다. 웃음 때문에 학생들이 도저히 수업에 집중할 수 없게 되자, 학교는 휴교를 결정하고 아이들을 집으로 돌려보냈다.

일이 여기에서 일단락되었다면 다행이었겠지만, 웃음소동은 이웃 마을에까지 번지게 되었다. 카샤사 여학교에 다니는 일부 학생들은 이웃 마을 느샴바에 살고 있었고, 그 마을의 다른 학생들에게 퍼진 것

55

이었다. 그 해 4월과 5월에 느샴바 마을의 217명이 웃음바다에 빠졌고 이웃 부코바 마을의 48명도 감염되었다. 웃음에 전염된 사람은 대부분 학생들과 젊은이들이었다.

웃음은 갑자기 시작되어 몇 시간이고 계속되었다. 잠깐 한숨을 돌리는가 싶으면 또다시 웃음이 시작되었다. 누군가 웃음을 억지로 막으려 하면 난폭해지기까지 했다. 웃음이 시작된 지 6개월(1년 6개월이라는 주장도 있다)이 지나서야 간신히 조금씩 수그러들기 시작했다. 결국 총 14개 학교가 문을 닫았고 천 명 정도가 웃음에 전염되었다.[11]

그렇다면 여학생들의 웃음은 전염병이었을까? 과연 웃음도 전염병일까?

웃음은 사회적 신호

웃음에 대해 가장 많이 연구한 학자 중 한 사람이 매릴랜드 대학의 로버트 프로빈(Robert Provine) 교수다. 사실 그를 매료시킨 사건은 탄자니아에서 일어난 웃음 전염병 사건이었다.

프로빈 교수는 사람들이 자연스럽게 웃는 1200종류의 상황을 유심히 관찰해보았다.[12] 그런데 예상과는 달리 대부분의 웃음이 어떤 특별한 유머나 재미있는 이야기 뒤에 따라오는 것이 아니었다. 일부러 웃기려고 작정한 유머로 인한 웃음은 20%도 채 되지 않았다. 나머지 80%인 대부분의 웃음은 오히려 특별히 웃음을 유발할 것 같지 않은 그냥 그저 그런 시시한 말들 뒤에 따라왔다. 웃음을 유발하는 가장 일반적인 장치는, 특별한 의도 없이 그냥 주고받는 장난기 있는 대화나 가까운 사람들 사이에서 느끼는 긍정적인 감정들이었다. 다시 말해서 우리는 사람들과 대화하면서 '그냥' 웃는다. 웃음은 사람들과의 소통과정의 일부분이다.

대중 강연을 하는 사람들은 으레 강의할 때 웃음을 유도하는 장치를 몇 군데 집어넣는다. 강연 내용이나 청중의 특성에 따라 그때그때 다르겠지만, 강사들은 마치 덫을 놓고 먹잇감이 걸려들기를 기다리는 기분으로 청중의 반응을 살핀다. 그런데 재미있는 것은 강사들이 의도적으로 만든 유머가 통하는 경우가 꽤 있기는 하지만, 실제로는 강사가 계획하지 않은 의외의 상황에서 청중들이 웃어주는 경우도 많다는 사실이다.

대중 강연에 참석해 본 사람이라면 공감이 갈 것이다. 강사가 의도한 곳에서는 별로 웃음이 나오지 않았는데, 정작 의외의 장면에서 청중들의 자발적인 웃음이 터졌던 경우를 말이다. 웃음을 통한 청중과의 자연스러운 교감은 당연히 강사의 능력, 혹은 유머 구사의 능력에 좌우될 것이다.

하지만 강연을 잘한다는 것이 청중들을 웃기기 위해 항상 의도적으로 유머 장치를 구상하는 데 많은 공력을 기울이는 것을 의미하지는 않는다. 그보다는 청중들을 잘 이해하고 그들의 입장이나 생각을 존중하면서 청중들에게 긍정적인 감정을 일으키고 공감할 수 있는 분위기를 만드는 능력이 더 중요할 것이다.

강연장을 코미디프로 수준의 웃음바다로 만들어야 한다면 반드시 정교한 유머장치가 필요하다. 하지만 대부분의 자연스러운 웃음은 청중과의 긍정적인 감정 소통 뒤에 따라오는 것이다. 그래서 정말 고수들은 청중을 웃겨야 한다는 생각 자체를 넘어서 있는지 모른다.

프로빈 교수에 따르면, 웃음은 대화의 흐름 중에 아무 때나 등장하지 않는다. 말하는 사람이나 듣는 사람 모두 웃음으로 대화의 흐름을 끊는 경우는 거의 없었다. 그 대신 한 대사가 끝나고 잠깐의 멈춤이 있는 시간에 웃음이 나타난다. 마치 문장이 완성되면 마침표를 찍듯이 웃음이 말 뒤에 위치한다. 이 사실은 언어와 웃음 사이에 모종의 체계적인 관계가 있다는 것을 의미한다. 웃음은 커뮤니케이션 체계의 일부분이다.

또 예상과 달리, 말하는 사람이 듣는 사람보다 평균 1.5배 정도 더 많이 웃었다. 남녀 간의 차이도 주목할 만하다. 화자든 청중이든 여자가 남자보다 더 많이 웃는다. 여성 화자는 남성 청중보다 1.3배 더 많이 웃는다. 반대로 남성 화자는 여성 청중보다 조금 적게 웃는다. 듣는 사람은 남자든 여자든 여성 화자보다는 남성 화자에게 더 많이 웃어준다. (이렇게 보면 개그우먼으로 성공한다는 것은 대단한 일이라는 생각이 든다.)

여러 문화권을 비교해보아도 보통 남성이 유머를 하고 여성이 웃어준다고 한다. 이러한 남녀 차이는 농담이 처음 나타나는 시기인 6세경의 아이들에도 나타나는 현상이다.

웃음은 사람들 사이의 사회적 관계를 반영한다. 요즘은 전체 직원이 정기적으로 강당에 모여 '조직의 장'으로부터 훈시를 듣는 경우가 많이 줄어들었다. 그럼에도 조직의 우두머리가 부하직원들에게 무언가 이야기를 해야 할 경우는 여전히 많다. 그래서 대체로 조직의 우두머리는 아랫사람보다 유머에 더 관심이 많고 실제로도 유머를 더 많이 사용한다.

보스가 우스갯소리를 할 때 부하직원들이 곧바로 따라 웃는 것은 흔히 보는 일이다. 실제로 보스의 썰렁한 농담에도 아랫사람들은 웃게 돼 있다. 반면에 똑같은 농담이라도 아랫사람이 하면 조직원의 반응이 미지근할 때가 많다. 그러니 농담을 즐겨하는 보스는 부하직원들의 반응만을 보고 자칫 자신을 유머감각이 뛰어난 사람으로 오해해선 안 될 일이다.

대화든 강연이든 어떤 형식이든 웃음은 상대방에게 자신의 의도를 나타내는 의사표현의 일부다. 웃음은 대화나 소통에 특별한 감정 톤을 입히고, 상대를 수용한다는 긍정적인 의미를 부여해준다. 그런데 문서로 된 편지 혹은 이메일에서는 이러한 감정 표현이 직접 만나서 표현하는 것만큼 용이하지 않다. 역시 텍스트만으로는 미묘한 감정을 전달하거나 의도하는 바를 정확히 소통하기가 쉽지 않다. 그래서 때때로 본의 아니게 오해가 생기곤 한다. 텍스트에 감정적인 실마리나 힌트를 모두 담기 어려워서일 것이다.

~~, ^^, ^_^, ㅎㅎㅎ, ㅋㅋㅋ 등의 이모티콘은 문법을 파괴할지언정 글에다 웃음의 감정 톤을 입히는 역할을 한다. 웃음은 본질적으로 사회적 언어의 성격을 지닌다.

내가 웃으니 남도 웃는다

탄자니아 사건은 웃음의 전염성을 극명하게 보여준 일례이다. (탄자니아 전염병에서 실상은 웃음과 울음이 같이 나타났다고 한다. 정확히 말하면 '웃울음' 전염병이었던 것이다.) 웃음이 옆 사람에게 번져 따라 웃고 우리도 그 웃음에 덩달아 웃는 일들은 현실에서도 가끔 일어난다. 웃음은 사람과 사람간의 관계를 형성하고 강화한다. 우리는 편한 사람과 함께 있을 때 더 많이 웃고, 더 많이 웃을수록 결속은 강화된다. 또 집단에서 홀로 되지 않으려는 욕구가 맞물려 따라 웃게 된다. 다시 말해 '웃음의 선순환'이 형성되는 것이다.

시트콤에서는 녹음된 웃음소리를 시청자들에게 들려주어 웃음을 유도하기도 한다. 이런 장치의 목적은 시청자들에게 혼자가 아니라는 느낌을 주기 위해서다. 인간은 홀로 있을 때보다 다른 사람들과 더불어 존재할 때 서른 배나 더 많이 웃는다고 한다. 헬륨과 같은 웃음가스도 혼자 있을 때 흡입하면 주위에 사람이 있을 때에 비해 효과가 반감된다. 웃음은 개인적인 감정 표현에 그치는 것이 아니다.

남이 웃으면 왜 나도 따라 웃을까? 또 내가 웃으면 왜 남들도 따라 웃는 것일까? 이 또한 미러뉴런의 작품이다(1장 참조). 기능적 자기공명영상(fMRI)을 촬영하며 남의 웃음소리를 들려주면 듣는 사람의 뇌도 웃고 있다.[13] 기능적 자기공명영상은 우리 뇌가 활동하는 부위를 보여주는 영상장치이다. 이를테면 내가 오른쪽 검지손가락을 까딱까

딱 움직일 때 그에 해당하는 뇌 부위인 왼쪽 운동중추가 반짝반짝 빛난다. 남의 웃음소리를 들을 때 미러뉴런의 일부가 활성화되면서 얼굴 근육이 웃을 채비를 갖춘다. 자기공명영상 촬영을 해본 사람은 알겠지만, 기계 속에 갇혀 자장이 돌아가는 소음을 들으며 몇 십 분을 보내야 하는 건 결코 유쾌한 일이 아니다. 그런 열악한 환경 속에서 비록 내 얼굴은 웃지 못하지만, 남의 웃음 소리에 나의 뇌는 함께 웃는 것이다.

빅토르 보르게(Victor Borge)는 웃음을 '두 사람 간의 가장 가까운 거리'라 표현했다. 웃음은 두 사람 사이의 거리를 좁혀주고 사람간의 유대를 강화시켜주는 사회적 접착제다. 가능한 한 웃는 사람 옆으로 가자. 옆 사람의 웃음소리를 들으면 나의 뇌도 따라 웃는다.

농담이나 유머만이 나를 웃게 하는 것은 아니다. 그보다는 좋아하는 사람들과 같이 있는 그 상황이 나를 더 많이 웃게 만든다. 같이 있는 사람들과 웃고 있다는 것은, 내가 그 사람들을 좋아한다는 뜻이다. 친구들 간에 별일 아닌 일로 실컷 웃고 나면 '시트콤 한 편 찍었다'라는 말을 한다. 좋아하는 사람들과 별일 아닌 일로 실컷 떠들며 웃자.

성향에 맞는 예능 프로그램을 보며
실컷 웃어라

웃음보가 터진 소녀

1990년대 중반, 캘리포니아 주립대학병원 신경외과 수술실. 이곳에서 뇌신경 전문가들은 16세 소녀 A.K.의 뇌 이곳저곳을 전기로 자극하고 있었다. 이 어린 소녀는 경련을 심하게 앓고 있었는데, 간질병소를 제거하는 수술을 받는 중이었다. 뇌 병소를 제거하기 전에 뇌 부위 곳곳을 전기자극으로 확인하는 이유는, 중요한 기능을 맡는 뇌를 절제하는 우를 범하지 않기 위해서였다.

그런데 이 어린 소녀의 뇌 특정부위를 자극했더니 그녀는 갑자기 걷잡을 수 없는 웃음을 터뜨렸다. 방 안에는 하얀 가운을 입은 의료진들이 서 있는 것 말고는 특별한 일도 없었는데 말이다. 전압이 낮을 때 소녀는 조용히 미소를 지었다. 하지만 전류가 점점 강해지자 킬킬 웃기 시작하더니 마침내 강력한 웃음이 터져 나왔다. 주위 사람들까지 웃게 만드는 전염성 강한 웃음이었다. 소녀는 특별한 이유도 없이 웃어댔다. 주위를 둘러보며 "선생님들이 그렇게 멀뚱히 서 있는 모습이 정말 웃겨요" 하며 깔깔 웃었다.[14]

소녀가 자극받은 뇌의 부위는 전두엽의 일부인 좌측 위이마이랑(superior frontal gyrus)이었다. 뇌의 작은 부위가 자극받아 걷잡을 수 없는 웃음을 유발했다는 것이 신비롭다.

———

유머하는 뇌

———

유머는 절대적이지 않다. 똑같은 농담이라도 누구에게는 유머가 되지만, 다른 이에게는 '그래서 어쨌다는 거지'라는 식으로 시시한 이야기일 뿐이다. 왜 같은 농담에도 누구는 웃고 누구는 웃지 않을까?

환자분 중에 뇌졸중 후 유머감각이 떨어졌다고 호소하는 분이 계시다. 뇌졸중 전에는 주변사람들을 곧잘 웃기곤 했었는데 뇌졸중을 앓은 후에는 유머감각이 떨어졌다는 것이다. 유머를 이해하고 구사하는 뇌는 어디일까?

그 전에 먼저 유머가 갖고 있는 속성부터 알아야겠다. 유머가 시작될 때 우리는 그 이야기가 어떻게 전개되고 결말이 날지 자연스레 짐작을 하게 된다. 그런데 이때의 예상과 기대는 논리적 추론과 과거

경험에 의존한다. 일반적으로 기존의 경험과 지식에 의존하여 세상을 바라보는 방식을 프레임 또는 고정관념이라고 하는데, 유머는 우리가 갖고 있는 기존의 프레임을 갖고 비틀어 우리의 예상을 보기 좋게 뒤집는다. 우리가 가진 가설이 견고할수록 반전의 효과는 커진다. 익숙하고 논리적인 결말 대신에 예상치 못한 일이 벌어질 때, 유머는 우리를 웃게 만든다. 유머가 가진 모순과 반전이 웃음을 유발하는 것이다.

보통 여배우들은 우아하고 품격 있는 역할을 선호할 것이라는 게 우리가 갖고 있는 고정관념이다. 술에 취해 인사불성이 되고 길바닥에 토하고 드러눕는 장면은 누구나 꺼릴 것이다. 그런데 우아한 장면은 대역을 쓰겠다고 하고, 망가지는 장면은 '느낌 아니까' 직접 연기하겠다고 한다면 그것이 바로 프레임을 깨뜨리는 것이다. 역시 유머에는 우리가 갖고 있는 프레임을 깨는 반전이 들어 있어야 한다.

오랜 세월 우리 삶의 경험을 바탕으로 구축된 프레임은 측두엽에 저장되어 있다. 한편, 우리가 갖고 있는 프레임과 유머 속 상황 간의 미묘한 모순과 불일치를 민감하게 포착하는 능력은 바로 전두엽에 있다. 무언가 재미있는 일이 벌어진 순간을 알아차리는 곳이 바로 전두엽이다. 이 전두엽은 다른 동물에 비해 인간에게 훨씬 발달되어 있다. 유머를 이해하고 구사하는 능력이 인간에게만 있는 이유이다.

이렇듯 뇌 속의 유머센터는 전두엽과 측두엽을 포함하는 네트워크이다. 전두엽과 측두엽은 언어와 관련된 곳으로, 측두엽은 언어를 '이해'하고 전두엽은 언어를 '구사'한다. 우리가 제대로 구사하지 못하는 언어로 된 유머나 카툰을 이해하기 어려운 이유다. 언어뿐 아니라 문화적 차이도 중요하다. 외국인들이 우리의 유머를, 반대로 우리가 그들의 유머를 이해하기 어려울 때가 많다. 더 좁게는, 한 집단이나 또래에만 통하는 유머도 있다. 그것은 유머의 상황을 이해하기 위해서는 함께 공유하는 경험이 바탕이 되어야 하기 때문이다.

유머를 이해하는 것은 일종의 문제해결과 비슷하다. 유머가 내포하고 있는 반전과 모순을 이해하면 마치 어려운 문제를 해결한 것 같은 쾌감을 느낀다. 미로를 빠져나왔다든가, 게임의 관문을 통과해서 다음 단계로 나아가는 것과 같은 즐거움이 있다. 하지만 유머의 포인트를 이해하지 못하면 문제를 해결하지 못했을 때처럼 답답하고 불편하다.

그렇다면 유머를 구사하는 뇌는 어디일까? 즉흥적으로 유머를 잘 구사하는 데는 전두엽의 역할이 중요하다. 랩 아티스트들은 즉흥적으로 노랫말을 만들어 랩을 할 때와 미리 쓰여진 노랫말로 랩을 할 때 다른 전두엽을 활용한다.[15]

쓰여진 노랫말로 랩을 할 때에는 기능적 자기공명영상(fMRI)에서 배외측전전두엽(dorsolateral prefrontal cortex)에 스위치가 켜진다. 이 부위는 스스로를 감시하고 비평하는 역할을 한다. 반면에, 즉흥 랩을 할 때에는 자발적인 창의성과 연관된 내측전두엽(medical frontal lobe)이 활성화된다. 이렇게 본다면, 미리 준비한 유머를 구사할 때는 내측전두엽보다는 배외측전전두엽이 더 활성화될 가능성이 있다. 쓰여진 노랫말로 랩을 하는 것과 유사하기 때문이다.

따라서 유머를 부담 없이 자유롭게 구사하려면 스스로를 감시하고 비판하려 하지 말고, 그 대신 긴장을 풀고 스스로를 놓아버려야 한다. 유머를 던지는 것은 곡예줄을 타거나 살얼음판을 달리는 것처럼 아슬아슬한 일이다. 간혹 예민한 사람들은 작정하고 던진 유머에 반응이 썰렁할 때 마음에 상처를 받기도 한다.

유머를 이해하고 구사하는 뇌는 측두엽, 전두엽과 같은 대뇌겉질이지만, 이 과정은 유머의 감정이라는 측면에서는 절반에 불과하다. 흔히 유머가 통하고 나면 즐거운 웃음과 쾌감이 뒤따른다. 이때 쾌감을 주관하는 뇌영역은 감정의 뇌, 즉 변연계다. 가장자리엽이라고도 불리는 변연계는 보상에 관련된 뇌이기도 하므로, 우리가 좋아하는 일을 할 때는 그것이 무엇이든 간에 반짝거린다. 그것이 마약이든 술이든 일이든 놀이든 게임이든 섹스든. 유머를 이해할 때는 대뇌겉질이 활성화되지만, 정작 웃음을 터뜨릴 때는 변연계가 반짝인다.

빅토르 위고는 말했다.

"인생이 엄숙하면 엄숙할수록 유머가 필요하다."

웃음과 유머는 평소에 우리의 일상이 잘 돌아가도록 윤활유 역할을 하지만, 극한 상황에서도 삶에 대한 희망을 놓지 않게 해주는 동아줄 같은 역할을 하기도 한다.

사람마다 성향과 기질에 따라 좋아하는 유머가 다른 것 같다. 주위 사람들을 가만히 보노라면, 좋아하는 유머의 유형이 1박 2일형 유머코드와 개그콘서트형 유머코드로 나뉘는 것 같다. '1박 2일'과 같은 리얼 버라이어티 쇼에 매력을 느끼는 사람이 있는가 하면, '개그콘서트'처럼 잘 짜여진 창의적인 쇼를 선호하는 사람들이 있다. 기왕이면 자기가 좋아하는 유형의 프로그램을 찾아서 즐겨보자. 코미디 영화나 예능 프로그램을 보며 실컷 웃는 것의 효과는 전신운동과 맞먹는다. 유머가 주는 쾌감에 기꺼이 중독되어보자.

가짜 미소를
뒤셴미소로 바꾸어라

처음 만나는 사람의 첫인상은 얼마 만에 이루어질까? 순식간에 (2초 만에) 이루어진다고 한다. 첫인상을 판단하는 뇌도 바로 편도체다. 우리 뇌는 상대가 친구인지 적인지 순식간에 판단할 수 있도록 진화되어 왔다. 그 판단이 맞고 틀리고는 그 다음 문제다.

상대에게 좋은 인상을 심어주기 위한 가장 좋은 방법은 무엇일까? 단정한 옷차림, 말끔한 얼굴, 헤어스타일 등 여러 가지 중에서 가장 위력적인 것은 아마도 미소일 것이다.

미소와 웃음은 무의식적으로 나타나는 행동이다. 그러나 내키지 않는데도 억지로 미소를 지어야 하는 경우도 많다. 썰렁한 농담에도 예의상 웃어줘야 할 때가 있고, 사진을 찍자고 하면 마지못해 '김치' 하며 미소 지을 때도 있다. 면접 시험을 볼 때, 이성과의 대화에서, 복도에서 우연히 직장상사를 만났을 때 우리는 미소를 짓는다. 그런가

하면 파티나 행사에서 상대에게 호감을 주려고 억지로 미소를 짓는 경우도 다반사다. 마음에서 우러나오지 않는 '가짜 미소'는 팬암 항공 승무원의 억지 미소를 본떠서 '팬암미소'라 불린다.

미소를 잘 짓는 것은 중요하다. 예쁘고 근사한 미소 덕분에 우리는 더 호감을 주는 사람이 된다. 그런데 누군가 나의 억지 미소를 알아차린다면? 조금 걱정이 되기도 한다. 과연 진짜 미소와 억지 미소는 구분될 수 있을까? 억지 미소를 알아차리려면 진짜 미소가 어떤지부터 알면 된다.

'진짜 미소'는 프랑스 신경학자의 이름을 따 '뒤셴(Duchenne)미소'라고도 불린다. 뒤셴은 진짜 미소를 지을 때 수축하는 근육을 알아낸 신경학자다. 진짜 미소를 지을 때는 두 개의 안면근육이 수축한다. 하나는 입과 뺨을 움직이고 치아를 드러내는 큰 광대근(zygomatic major)이다. 그런데 이 근육은 우리의 의지에 의해 조절이 가능하다. 카메라 앞에서 '김치' 하며 미소 지을 때 수축하는 근육이 바로 큰 광대근이다.

나머지 다른 근육 하나가 진짜 미소와 가짜 미소를 판가름하는 데 열쇠를 쥐고 있다. 바로 안륜근(orbicularis oculi)이다. 안륜근은 눈꺼풀 속에 있는 고리 모양의 힘살로서, 눈을 둘러싸고 있다 하여 '눈둘레근'이라고도 불린다. 안륜근은 진짜 웃음을 지을 때 나도 모르게 수축하는 근육이라, 억지 미소를 지을 때는 움직이지 않는다.

이 근육은 우리가 눈을 감을 때 주로 수축한다. 따라서 진짜 미소를 지을 때는 눈이 반쯤 감겨져야 한다. 가짜 미소를 짓는 사람은 대부분 입만 방긋할 뿐 눈 주위를 거의 움직이지 않는 이유도 여기에 있다. 입을 가리고 웃더라도 눈 주위의 움직임만으로도 진짜 미소와 가짜 미소를 구분할 수 있다.

또 안륜근은 특히 눈 바깥쪽에 주름을 만든다. 눈 바깥쪽 주름은 그 모양을 본떠 영어로 까마귀발(crow's feet)이라고 불린다. 진짜 미소를 지을 때는 까마귀발 모양의 눈가 주름이 생기는데, 억지 웃음에는 이것이 없다.

사진 찍을 때 '김치' 하는 것은 심각한 표정보다는 낫겠지만 예쁜 미소를 만드는 데 그리 좋은 방법이 아니다. 억지 미소의 전형을 보여주기 때문이다. 차라리 실제로 사람을 웃기려고 애쓰는 편이 낫다. 나는 단체사진을 찍을 때 사진사에게 '좀 웃겨보세요'라고 말하곤 하는데, 그 말에 오히려 사람들이 더 잘 웃었다. 그러나 대부분의 사진사들은 그 순간을 놓친다.

누가 봐도 명백한 억지 미소가 있지만 진짜 미소와 잘 구분되지 않는 경우도 있다. 대부분의 미소는 뒤셴미소와 팬암미소의 스펙트럼 위에 존재하는 것 같다. 뒤셴미소에 좀 더 가까운 미소, 팬암미소에 좀 더 가까운 미소로 나눌 수도 있겠다.

웃을 일이 생길 때는 이왕이면 팬암미소보다는 뒤셴미소를 지어보자. 눈을 반쯤 감고 눈가에 주름이 생기도록 웃어보자. 눈과 입을 모두 움직여 크게 웃자. 내가 진심으로 웃으면 상대방도 활짝 웃으며 답례할 것이다. 기분이 한결 나아진 걸 느낄 수 있다.

웃음이 나올 때는
억지로 참지 마라

외래를 다니는 30대 여인 Y씨는 요즘 여간 난감한 게 아니다. 두 차례의 뇌졸중을 겪고도 큰 장애 없이 잘 이겨낸 그녀지만, 최근에 후유증 때문에 사회생활에 문제가 생긴 것이다. 대화 중에 웃어야 할 상황이 아닌데도 자기도 모르게 웃음보가 터지고, TV를 보다가 별로 슬프지도 않은 장면에서 펑펑 울기도 한단다. 그녀가 겪고 있는 증상은 '감정실금(emotional incontinence)'이다.

뇌졸중은 뇌로 가는 혈관이 막히거나 터져서 뇌에 영구적인 손상을 일으키는 병이다. 언어장애, 반측마비, 시야장애, 치매 등이 흔한 후유증이지만, 드물지 않게 감정실금이라는 현상이 생긴다. 감정실금은 말 그대로 감정을 제대로 조절하지 못하는 현상이다.

일반적으로 실금이라는 말은 대소변을 제대로 조절하지 못하고 싸는 것을 뜻한다. 소변을 참지 못하고 지리면 '요실금', 대변을 찔끔거리면 '배변실금'이다. 웃음과 울음을 참지 못하고 찔끔거리니 감정실금인 것이다. 의도하지 않는데도 부적절하게 웃고 운다 하여 '병적 웃음과 울음' 또는 '불수의적 감정표현장애'라고도 부른다.

그런데 나는 감정실금이라는 말이 참 불편하다. '병적'인 웃음과 울음이라는 말에도 동의하기 어렵다. 과연 어떤 상황에서 웃고 울어야 정상이고, 어떤 상황에서 웃거나 울면 병적이라고 규정할 수 있다는 말인가? 실제로 병적인 웃음이나 울음의 정의도 모호할 뿐만 아니라 그나마도 제각각이다.

'불수의적'이라는 표현도 잘못된 것 같다. 불수의적 감정표현이 비정상이라면, 정상적인 사람의 웃음과 울음은 반드시 자발적(수의적 혹은 의도적)이어야만 하는가? 사실 때와 장소에 적절한 웃음이나 울음이라고 해도 항상 자발적이지는 않다. 쏟아져 나오는 웃음과 울음은 대뇌피질(전두엽)의 통제권 밖에 있는 무의식적인 표현이다. 뇌와 심장이 연결된 덕분에 우리가 의식하지 않고도 심장이 알아서 뛰는 것처럼, 솔직한 웃음과 울음도 의도하지 않은 상태에서 자동적으로 발생할 수 있다.

만약 웃음이나 울음을 전적으로 통제할 수 있다고 생각한다면 그건 지나친 자만이다. 대뇌피질로 제어한 웃음은 가짜 미소가 될 가능성이 많다. 우리가 말을 할 때는 어휘를 선택하지만, 웃음이나 울음은 그런 방식으로 표현되지 않는다. 웃음과 울음은 학습되어지는 것이 아니라 선천적으로 우리 뇌에 내재된 기능이다.

우리는 대체 얼마나 웃는 것일까? 아기들은 하루 평균 300번을 웃는다고 한다. 웃음 횟수는 다섯 살이 되면 최고조를 보인다. 아이들은 자기를 둘러싼 세상을 끊임없이 탐험한다. 그래서 주변에서 일어나는 많은 일들이 놀랍고 이상하고 우스꽝스럽다. 아이들을 지켜보노라면 특별히 웃을 일이 아닌 것 같은데도 자기들끼리 깔깔대며 웃는 경우가 많다. 특히 똥 이야기만 나오면 자지러진다. 어린이 그림책에는 제목부터 그림까지 온통 똥으로 가득 찬 책들이 많다. 그렇다고 우리가 그들을 병적이라고 생각하지는 않는다. 원래 우리의 뇌는 웃음을 애써 억제하지 않았다. 그런데도 나이가 지긋한 성인이 되어서 아이들처럼 자주 웃으면 부적절하고 병적이라고 규정한다.

어른들이 웃는 횟수는 하루 평균 스무 번도 채 안 된다. 어른이 되면서 점차 웃음을 잃어가는 것이다. 거기엔 여러 가지 이유가 있을 것이다. 별일 아닌데도 웃으면 사람이 가벼워 보인다거나 성인이라면 감정을 쉽게 드러내지 말아야 한다는 사회적 압박도 있다. 또 세상살이에 지쳐 웃을 일이 크게 없기도 하다. 그 무엇보다도 호기심과 감동이 줄었다. 예전에는 새롭고 재미있었던 일들이 지금은 익숙해져서 모두 그게 그거 같다.

웃음과 울음에 대한 잠재적인 억제는 바로 전두엽의 작품이다. 전두엽은 양날의 칼과도 같다. 치밀한 계획과 실행, 의사결정 등 고차적 기능을 담당하기도 하지만, 안쪽 뇌인 감정의 뇌를 통제하고 억압하기도 한다. 이성의 뇌인 전두엽이 보기에는 감정을 쉽사리 드러내는 안쪽 뇌가 영 못마땅하다. 그래서인지 나이가 들수록 전두엽의 간섭이 심해지고, 감정의 뇌는 억눌러져서 우리는 점점 더 웃음과 울음을 참게 되는 것이다.

뇌손상 환자들이 보이는 과도한 웃음과 울음은 감정실금이 아니라, 전두엽으로부터의 '감정해방(release)'이라고 불러주고 싶다. 물론 우리는 사회적 동물이기 때문에 도를 넘어서 지나치게 부적절한 감정표현은 가급적 자제해야 한다. 이를테면 장례식장에서 껄껄거리며 웃는다든가 친구의 결혼식에 가서 엉엉 운다면 곤란하겠다. 그러나 억제하는 습관이 너무 지나친 나머지 자연스러운 감정표현마저 억누르고 살아온 것은 아닐까?

웃음이 나올 만한 상황이라면 웃음을 억지로 참지 말자. 전두엽의 긴장을 풀어주고 적극적으로 감정을 해방시키자. 눈치 보지 말고 아이들처럼 신나게 웃어보자. 웃다 보면 행복감이 밀려올 것이다.

웃음은 최고의 명약,
아플 때 오히려 크게 웃어라

행복해서 웃는가? 웃어서 행복한가?

사진 찍을 때 미소를 유도하는 '김치'와 '치즈'는 평상시처럼 발음해서는 미소가 만들어지지 않는다. 끝말을 길게 발음하여 큰 광대근을 수축시켜야 입꼬리가 위로 올라가면서 뒤쪽으로 끌어당겨져 비로소 미소 짓는 표정이 만들어진다. 와이키키, 위스키 같은 단어도 마찬가지다. 이런 단어들을 말하기만 하면 버튼을 누를 필요도 없이 자동적으로 사진이 찍히는 카메라도 있다. '김치'나 '치즈' 혹은 '위스키'라는 발음은 경직된 분위기를 해소시켜 제대로 된 미소를 만들게 하는 촉매제 역할을 한다.

만약 특별할 것도 없는 상황에서 입꼬리를 올리는 표정을 만든다면, 그것만으로도 우리 감정에 영향을 미칠까?

심리학자들이 영리한 실험을 했다.[16] 참가자들을 두 그룹으로 나누어 한 그룹에게는 연필을 입에 무는 행동을 하게 했고, 다른 그룹에게는 연필을 코와 윗입술 사이에 끼우는 행동을 하게 했다. 연필을 입에 물면 자연스럽게 입꼬리가 위로 올라가 웃는 표정이 된다. 반면에, 연필을 코와 윗입술 사이에 끼우면 입술을 퉁명스럽게 삐죽 내밀게 되어 찡그린 표정이 된다.

서로 다른 행동을 하게 한 후 참가자들의 기분을 평가했더니, 웃는 표정을 지은 사람들이 찡그린 표정을 지은 사람들보다 행복감이 더 높게 나왔다. 표정을 바꾸어보는 사소한 행동의 차이가 우리의 감정에까지 영향을 미친 것이다.

또 다른 연구팀은 대학생들을 세 그룹으로 나누어 젓가락을 입에 물게 하는 실험을 했다.[17] 첫 번째 그룹은 무표정하게 젓가락을 물게 했고, 두 번째 그룹은 젓가락을 문 채로 입꼬리만 올리는 억지 미소를 지으라고 했고, 마지막 그룹에겐 젓가락을 입에 문 채 뒤셴미소를 짓도록 주문했다. 그러고는 젓가락을 입에 문 모든 참가자들에게 난이도가 높은 멀티태스크 과제를 부여해서 스트레스를 받게 했다. 연구팀은 참가자들이 과제를 수행하기 전후에 그들의 심박동수를 측정했다. 스트레스가 높을수록 심박동수가 빨라지는 등 변화가 있기 때문이다.

측정 결과는, 뒤셴미소를 지은 그룹이 다른 그룹에 비해 과제 후 심박수가 유의미하게 낮았다. 억지 미소를 지은 그룹은 무표정 그룹에 비해서는 심박수가 약간 감소하는 수준에 그쳤다. 결국 스트레스 상황에서도 미소가 긴장을 풀어주었다는 이야기다.

실제로 우리는 미소를 짓는 동시에 화를 내거나, 흔쾌히 웃는 동시에 긴장과 초조감을 표현하기가 매우 어렵다. 미소는 그만큼 부정적인 감정과 어울리기가 어렵다. 그렇기에 미소는 부정적인 감정을 아예 없앨 수는 없겠지만, 조금씩이라도 줄여 줄 수는 있다.

만약에 당신이 심한 압박감을 받고 있거나 힘이 드는 과제를 수행 중이라면, 잠시 고개를 들어 미소를 지어보라. 그저 잠깐 동안이라도 상관없다. 그냥 웃어보자. 웃음이 우러나오지 않는다면 억지 미소라도 괜찮다. 물론 뒤셴미소가 가장 효과적이지만, 다른 종류라고 하더라도 미소는 당신이 처한 상황으로부터 심리적 거리를 두게 해줄 것이다. 간단히 미소 짓는 것만으로도 스트레스를 이겨내는 데 도움이 된다.

얼굴 표정은 우리의 감정상태를 나타내준다. 그런데 얼굴 표정과 감정 사이의 관계는 일방통행이 아니라 쌍방향 통행이다. 즉 감정상태가 얼굴 표정을 결정짓기도 하지만, 얼굴 표정이 감정을 결정하기도 한다. 행복해서 웃기도 하지만, 웃어서 행복할 수도 있다는 이야기다.

'웃어서 행복하다'가 타당한 것처럼 '찌푸리니 아프다'도 말이 된다. 미간을 찡그리는 표정은 웃는 표정과는 정반대의 효과를 가져온다. 보톡스를 맞아 미간을 찡그릴 수 없는 사람들이 미간을 찡그릴 수 있는 보통 사람들보다 더 행복감을 느꼈다는 연구결과도 있다.[18]

불편한 일을 당할 때 얼굴을 찌푸리는 사람이 더 심한 고통을 호소한다. 참가자들의 팔뚝에 뜨거운 것을 갖다 대고 얼굴 표정을 다양하게 지어보라고 주문했다. 찌푸린 표정을 지은 사람이 무표정이나 느긋한 표정을 지은 사람들에 비해 더 심한 통증을 호소했다. 아이들에게 예방주사를 맞힐 때 '울면 더 아파'라고 달래는 것도 맞는 말이다.

우리의 감정은 뇌에만 있지 않고 몸에도 있다. 감정을 표현할수록 느낌이 강해지고 감정을 표현하지 않을수록 느끼지 못한다. 몸이 우리의 감정을 강화하고, 뇌와 몸은 순환고리처럼 상호작용한다.

웃음은 신비의 명약

30년 이상 《새터데이 리뷰(Saturday Review)》의 편집자였던 노먼 커즌스(Norman Cousins)는 급속히 진행하는 원인불명의 척추염을 웃음으로 치료한 사람이다. 그는 하루에 몇 시간씩 막스 브라더스 코미디 영화나 당시 유행했던 몰래 카메라 방송들을 보며 스스로 웃음치료를 했다. 노먼은 이러한 경험을 자신의 저서 『웃음의 치유력(Anatomy of an Illness)』에 담고 있다.

웃음이 이 세상 최고의 명약이라고 막연히 알고 있지만, 웃음에 정말로 심리적인 이득 이외에 치료적 효과가 있을까? 최근 연구결과들은 이 가설을 과학적으로 증명하고 있다.[19]

웃음은 코티졸과 같은 스트레스 호르몬을 감소시킨다. 스트레스 호르몬은 면역기능을 떨어뜨리고, 혈압을 올리고, 혈액 내 혈소판을 증가시킨다(혈소판이 증가되면 혈관이 좁아지거나 막힌다). 또한 웃을 때에는 자연킬러세포(natural killer cell), 감마 인터페론, T세포, B세포 등 면역에 관련되는 세포들이 증가한다. 자연킬러세포는 암세포와 바이러스를 파괴하는 역할을 한다. 감마 인터페론, T세포, B세포는 질병에 저항하는 항체나 단백질을 만드는 역할을 한다.

웃음은 정말로 힘이 세다. 엄청난 파워 에너지를 가지고 있다. 웃음에는 통증을 완화시켜준다는 근거도 있다.[20] 웃고 나면 통증에 대해 내성이 생기는데, 여기에는 웃음으로 인한 엔도르핀 상승이 한몫을 하는 것으로 보인다. 웃음은 호흡기 감염을 줄여주는 기능도 하는데, 딸꾹질과 기침을 유발하여 상기도의 분비물을 청소한다. 또한 웃음은 침샘 면역글로불린 A를 증가시켜 상기도로 들어오는 병균에 저항하게 한다.

더 놀라운 사실은, 100번 웃는 게 10분간 노 젓는 운동이나 15분간 자전거를 타는 운동과 맞먹는다는 것이다. 웃음은 전신운동인 셈이다. 혈압은 낮아지고 혈류량은 늘어나고, 뇌와 몸에 더 많은 산소를 보낸다. 웃음은 횡경막, 복근, 호흡근, 안면근육뿐 아니라 다리와 등의 근육을 사용하는 전신운동이다. 우리가 한바탕 실컷 웃고 나면 기진맥진해지는 것도 이 때문이다. 웃음은 에어로빅 운동과도 비슷하다.

유익한 웃음, 웃음요가

2010년 긴 겨울이 지난 어느 봄날, 나는 미국 보스턴의 한 건물

회의실에서 아리따운 미국 여인과 마주보고 앉아 있었다. 우리는 난생처음 만난 사이였다. 몇 마디 어색한 인사가 오가고, 그녀가 먼저 멋쩍은 미소를 지었다. 그녀가 미소 짓자 나도 따라 살짝 웃었다. 처음에 어색했던 웃음이 자연스러워지며 우리 둘은 점점 크게 웃기 시작했다.

주변엔 특별히 우스운 것도 없었다. 서로 상대를 가리키며 뭐가 그리 우습냐는 표정과 몸짓으로 우리는 더 크게 웃었다. 별 대화도 없이 그냥 웃었다. 웃다 보니 웃음소리도 여러 가지로 달라졌다. 그러면서 기분이 점차 좋아졌다. 몇 분간 그렇게 실컷 웃고 나니 얼굴이 후끈 달아오르고 몸엔 열기가 나고 눈물도 맺혔다. 마치 격렬한 운동을 한 것 같았다.

웃음요가는 인도 의사 마단 카타리아(Madan Kataria)가 개발하여 대중화하였다. 1995년 3월 이른 아침, 인도 뭄바이에 있는 한 공원에서 다섯 명으로 시작된 웃음요가 클럽이 효시다. 그 후에 빠른 속도로 확산되어 2011년을 기준으로 전세계 65개국에 8천 개 이상의 웃음요가클럽이 만들어졌다. 우리 병원 안에도 암환자를 위한 웃음교실이 매주 열리고 있다.

자연적으로 발생하는 웃음은 보통 일정 시간이 지나면 멈춘다. 그러나 웃음요가는 인지적 사고과정을 배제시켜 마음에서 우러나는 웃음을 지속시킨다. 체면이나 사회적 지위를 다 내려놓고 웃는 것, 이런저런 생각 없이 그저 웃는 것, 웃을 일이 하나도 없는데도 그냥 미친 듯이 웃는 것이 웃음요가다.

먼저 스트레칭으로 몸의 긴장을 푼다. 손뼉을 마주하여 박수도

치고 몸도 이리저리 움직여보자. 최대한 몸을 이완시켜서 자유롭게 놀 준비를 한다. 그 다음에는 심호흡을 깊이 여러 번 반복하여 실컷 웃을 채비를 갖춘다. 이제 아이들이 장난하듯이 편하게 웃어본다. 만약 파트너가 있다면, 서로 눈을 마주보면서 웃기 시작한다.

처음에는 어색하지만 작은 미소로 시작한 것이 곧 진짜 웃음이 되고, 한 무리에서 시작한 웃음이 옆 무리에까지 번지게 된다. 웃음이 반복되면서 웃음이 또 다른 웃음을 불러오고 작은 웃음이 더 큰 웃음을 불러온다. 그렇게 20분 정도 온몸으로 격렬하게 웃고 나면 카타르시스를 느끼게 된다. 그 후에는 각자 편안하게 앉거나 눕는 자세를 취한다. 마음을 가라앉히면서 명상으로 마무리한다.

웃을 때는 가급적 머리를 쓰지 말고 가슴으로 웃자. 전두엽을 많이 쓰면 잘 웃어지지 않는다. 의도적으로 '많이 웃어야지' 하고 생각해도 잘 안 웃어진다. 웃음을 참는 것도 전두엽의 간섭이듯이, 억지 웃음을 짓는 것도 전두엽의 전략이기 때문이다. 유머를 이해하는 데는 전두엽이 필요하지만, 마음껏 웃는 데는 감정의 뇌인 변연계만으로 충분하다. 그냥 아무 생각 없이 가슴과 느낌으로 많이 웃자.

나를 웃게 만드는 것이 무엇인지 찾아서 적어보자. 그리고 나를 웃게 만드는 행동을 실천해보자. 영화든, 운동이든, 놀이든 상관없다. 또한 재미있고 유쾌한 사람들을 사귀고, 가능하면 그들과 함께하는 시간을 많이 갖자.

누구에게나 행복했던 순간, 돌아가고픈 순간이 있다. 고향집 마당에서 뛰어 놀던 어린 시절, 어머니가 차려주던 저녁 식사, 단짝 친구와 어울리던 학창시절, 그 시절을 돌아보며 빛 바랜 옛 사진 보기, 낡은 옛날 일기 읽기 등 행복했던 순간을 떠올려 보자. 어느새 입가에 미소가 지어진다.

유머감각을 훈련시키는 것도 좋은 방법이다. 같은 이야기라도 재미있게 풀어내어 남을 웃기려고 해보자. 단, 다른 사람을 깎아내리거나 상처 주지 않으면서.

억지 미소를 짓느니 차라리 화를 내라

위대한 웃음, '그래도' 웃는 웃음

웃음에도 격이 있는 것 같다. 유머를 듣고 따라 웃으면 보통 웃음이다. 아무 일 없는데도 그저 그냥 웃는 웃음은 편안한 웃음이다. 그렇다면 격이 있는 웃음은 어떤 웃음일까. 아마도 상대를 배려하고 관계를 존중하는 마음이 담긴 웃음일 것이다. 스트레스를 받는 상황일수록 격이 있는 웃음이 필요하다.

스트레스를 받는 부정적인 상황에서 무심코 던지는 유머가 상대에게 자칫 불쾌감을 줄 수도 있지만, 오히려 그런 상황일수록 웃음이 필요하다. 사람들은 아무리 힘들고 지치고 절망적이어도 '그래도' 웃을 수 있다. 영화 〈인생은 아름다워〉에서 주인공 귀도의 마지막 웃음을 떠올려보자. 자신은 유대인 수용소에 끌려가면서도, 이 모든 것이 전쟁놀이라고 아들을 안심시키며, 귀도는 씩씩하게 웃으며 행군한다. 슬프고도 아름다운 장면이다.

그런 최악의 상황에도 불구하고 웃는 웃음은 위대한 웃음이다. 청명한 바다, 따사로운 햇살, 잔잔한 호수가 있는 상황에서는 누구나 밝게 웃을 수 있다. 비바람이 몰아치고 파도가 거세고 하늘은 칠흑같이 어두운 상황에서도, 평정심을 잃지 않고 어미가 자기 새끼에게 젖을 물리는 그런 힘에서 위대한 웃음이 나올 수 있다.

웃음의 이면

모든 사물에 양면성이 있듯이 웃음에도 어두운 면이 있다.

매릴랜드주립대학교의 로버트 프로빈 교수는 버튼을 누르면 깔깔거리는 웃음소리가 쏟아져 나오는 웃음기구를 만들어 학생들에게 들려주었다. 처음에는 학생의 절반 정도가 웃었다. 그러나 웃음기구를 열 번째 틀 때부터는 따라 웃는 사람이 없었고, 모든 학생들이 기구에서 나오는 웃음소리를 더 이상 좋아하지 않게 되었다.

웃음기구는 그 후에도 연구실에 그대로 있었는데, 동료 교수들이 가끔씩 들러 재미 삼아 버튼을 누르곤 했다. 결국 웃음소리를 도저히 견딜 수 없었던 교수는 그 기구를 내다버렸다. 웃음이 즐거움을 주기는커녕 오히려 불쾌감을 유발하고 격한 행동으로 이끈 셈이다.

유머도 상황에 따라 나쁜 결과를 초래하기도 한다. 예순 쌍의 결혼생활을 18개월간 관찰한 연구에 의하면, 스트레스 상황에서는 남자의 유머가 오히려 나쁜 영향을 미친다고 한다.[21] 직장에서 해고되었거나 가까운 사람이 죽었을 때와 같은 부정적 상황에서 남자가 유머를 사용하면 그 커플은 이혼이나 별거하는 경향이 높았다. 남자들이 주로 쓰는 유머의 내용이 스트레스 상황에서 오히려 관계를 악화시키는 역할을 한 것이다.

남자의 유머는 로맨틱한 관계를 만들기에는 좋지만, 진지한 상황에서 조심스럽게 관계를 유지하는 데는 오히려 독이 될 수도 있다. 상대방도 함께 스트레스를 받는 상황인데 짐짓 여유 있는 척 농담이나 유머를 하는 것은 상대에게 상처가 될 수 있다.

힘든 상황이라서 더욱 웃음이 필요하고, 어려운 형편에서도 웃을 수 있다면 훌륭하다고 할 수 있다. 하지만 마음속 진짜 감정을 억누르고 억지로 웃는 것이 과연 좋은 일일까? 잠깐 동안의 웃음이 만성적인 스트레스나 인생의 중대 사건을 해결해주지는 못한다. 또 가짜 미소의 효과는 장시간 지속되지 못한다. 직업 특성상 하루 종일 미소 지어야 하는 사람들에겐 오히려 미소가 기분에 부정적인 영향을 미친다고 한다.

만약 부정적인 감정을 의도적으로 계속 억누르기만 하면 어떻게 될까? 연구참가자들에게 혐오스러운 사진들을 보여주면서, 한 그룹은 연필을 입에 물게 하여 찌푸리는 표정을 못 하도록 했고, 다른 그룹은 마음대로 찌푸리게 내버려두었다. 예상대로 연필을 물어 감정표현을 억제한 그룹이 사진들을 덜 혐오스럽다고 묘사했다.

곧바로 참가자들에게 일련의 인지과제를 수행하게 했다. 혐오스러운 감정을 억제한 그룹은 다른 그룹에 비해 기억력 테스트에서 점수가 나빴다. 또 단어 채우기 과제에서도 더 부정적인 글자들로 채웠다. 이를테면 'gr_ss' 문제에서 연필을 입에 물고 억지 미소를 지은 그룹은 'gross(역겨운)'라고 단어를 완성한 반면, 자유롭게 찌푸린 그룹은 평범한 단어인 'grass(잔디)'로 완성했다.[22]

나쁜 감정을 드러내지 않고 지속적으로 억누르다 보면 결국 부정적인 방식으로 새어나간다. 우리의 감정이 얼굴로 드러나지 않는다면, 그 감정은 결국 다른 출구를 찾을지도 모른다.

인간관계가 점점 각박해지고 형식적인 인사나 영혼 없는 아부가 난무하는 이 세상에서, 웃음까지 거짓으로 꾸며야 하나 하는 생각이 든다. 아무리 대인관계에 미소가 중요하다 하더라도 진정성을 가지고 상대를 대하는 것이 더 중요할 것이다.

늘 찌푸린 인상의 사람보다 한결같은 미소를 보이는 사람의 속내를 알기가 더 어렵다. 실제로 내 마음이 불편하면, 억지로 미소 지을 필요가 없다. 내 기분이 지금 별로라는 것을 다른 사람이 알 필요도 있다. 때론 억지 미소를 짓기보다 화를 내는 것이 낫다.

3장

분노도 다스리면 복이 된다

Craughing : crying + laughing

화가 날 땐
열을 헤아려라

뇌과학 역사상 가장 유명한 사람

#1 외래에 다니는 K씨는 수년 전 뇌졸중을 앓았으나, 일상생활을 하는 데는 큰 지장이 없을 정도로 회복되었다. 그러나 진료가 끝나면 K씨의 부인은 남편을 진료실 밖으로 내보내고 눈물로 하소연을 하곤 한다. 남편이 별일 아닌데도 불같이 화를 내고, 분노를 참지 못해 난폭한 행동을 일삼는 경우가 많다는 것이다.

남편이 예전에는 내성적이긴 해도 점잖은 사람이었는데, 뇌졸중 후에 사람이 몰라보게 달라져 이젠 같이 지내기가 두려울 정도라고 했다.

#2 2012년 8월, 스물네 살의 브라질 청년이 끔찍한 사고를 당했다. 에두아르도 라이트(Eduardo Leite)라는 이 청년은 공사장 인부인데, 2미터가 넘는 쇠막대기가 공사 중인 빌딩 5층에서 떨어져 그의 헬멧을 뚫고 머리를 관통했다. 정확히 말해, 쇠막대기는 머리 오른쪽 뒤로 들어와 두 눈 사이를 뚫고 나왔다.

리우데자네이루에 있는 병원 응급실에 도착했을 때 그의 두개골은 열려 있었다고 한다. 그러나 청년의 의식상태는 사고경위를 설명할 수 있을 정도로 멀쩡했다. 그는 통증도 느끼지 않았다.

수술진은 다섯 시간에 걸친 긴 수술 끝에 라이트의 두개골에 박힌 쇠막대기를 제거하는 데 성공했다. 라이트가 살아난 것은 기적이라고밖에 할 수 없다. 쇠막대기가 몇 센티미터만 벗어났더라도 오른쪽 눈을 잃었거나 왼쪽 팔다리가 마비되었을지도 모른다.[23]

#3 브라질 청년의 사고로부터 정확히 164년 전에 미국에서 비슷한 사건이 일어났다. 당시 스물다섯 살의 피니스 게이지(Phineas Gage)는 미국 버몬트의 철도건설 현장에서 일하던 성실하고 책임감 있는 젊은이였다.

1848년 9월 13일, 그는 폭파작업을 하던 도중 굵은 쇠막대기가 머리를 관통하는 끔찍한 사고를 당했다. 쇠막대기는 정확히 그의 왼쪽 얼굴 옆으로 들어가 눈을 관통해 머리 위로 튀어나왔다.

그러나 게이지는 기적적으로 살아났다. 놀랍게도 사고 직후 그는 말도 할 수 있었고 도움 없이 걸을 수도 있었다. 지능과 언어, 기억도 그대로 유지되었다.

하지만 그 사고 이후 게이지는 완전히 다른 사람이 되었다. 그는 더 이상 예전의 책임감 있고 성실한 인부가 아니었다. 참을성이 없어졌고 벌컥 화를 잘 냈으며 자기 행동을 통제할 수 없었다. 게이지는 결국 그로부터 12년 뒤 심한 경련 끝에 37세의 젊은 나이로 사망하고 말았다.[24]

뇌의 신비를 들여다보는 방법 중 하나는 뇌손상 환자들로부터 배우는 것이다. 뇌손상 환자들의 고통과 불행에도 불구하고, 뇌가 손상된 이후 나타나는 여러 변화들은 우리에게 뇌에 대한 통찰을 준다. 뇌의 특정 영역이 손상되어 새로운 현상이 나타나거나 원래 기능이 소실되면 그 뇌영역의 역할을 짐작할 수 있는 것이다. 마치, 퓨즈를 연결했다 끊어보면 그 집의 전기배선을 알 수 있는 것과 비슷한 이치다.

신경과학 역사상 가장 유명한 환자를 꼽으라면 아마도 피니스 게이지일 것이다. 게이지의 사례는 뇌가 손상되면 성격과 행동이 변할 수 있음을 극명하게 보여준다. 대체 게이지는 뇌의 어디를 다쳤기에 지킬박사에서 하이드로 변한 것일까?

분노의 뇌과학

피니스 게이지의 두개골은 현재 하버드대학교 박물관에 보관

되어 있다. 하지만 현대의학으로도 그의 뇌손상 정도를 정확히 알기는 어렵다. 영상기법을 이용해 뇌손상 부위를 추정할 수 있을 뿐이다. 연구자들에 따라 다르지만, 게이지가 양측 전전두엽에 손상을 받았을 것이라는 추정도 있고, 뇌손상이 좌측 전전두엽에 국한되었을 것이라는 가설도 있다. 최근에는 전두엽의 국소적 손상보다는 다른 뇌와의 네트워크가 끊어져 게이지의 성격변화가 초래되었다는 주장도 나왔다.[25]

분노하는 뇌를 이해하기 위해 먼저 안쪽 뇌와 바깥쪽 뇌에 대해 알아보자. 뇌의 중심부에 자리한 안쪽 뇌(변연계)는 '느끼는' 뇌, 즉 감정의 뇌다. 안쪽 뇌는 수천만 년 전부터 내려온 원시적인 뇌다. 배가 고프면 먹을 것을 찾고, 갈증을 느끼면 물을 찾고, 해로운 것은 피하려 하는 동기와 욕망을 가지고 있다. 이 안쪽 뇌는 인간 외에 다른 포유동물들에게도 발달된 뇌이다.

수백만 년 전 인간은 뇌의 바깥쪽에 새로운 뇌를 발달시키기 시작했다. '대뇌겉질'로도 불리는 이 바깥뇌는 '생각하는' 뇌이며, 다른 동물들에 비해 인간에게 특별히 더 발달되어 있다. 바깥뇌 덕분에 우리는 논리적인 사고와 판단을 하고 언어나 기호를 사용한다. 바깥쪽 뇌는 위치에 따라 전두엽(이마엽), 측두엽(관자엽), 두정엽(마루엽), 후두엽(뒤통수엽)으로 나뉜다.

분노의 감정을 느낄 때 우리는 '생각하는' 뇌를 쓰지 않고 '느끼는' 뇌를 쓴다. 특히 변연계 안에 위치한 편도체가 분노의 중심지다. 뇌로 입력된 정보는 먼저 편도체로 들어온다. 편도체는 그 정보를 변연계로 보낼지 대뇌겉질로 보낼지 결정한다. 이때 전두엽으로 혈류가 증가하기 시작한다. 전두엽은 이성을 주관하여, 화가 나더라도 물건을 집어던지고 욕을 퍼붓는 행동들을 참게 한다. 편도체와 전두엽의 균형이 호각세를 이루는 것이다. 그런데 분노에 대한 이러한 뇌 반응은 통틀어 2초도 채 걸리지 않는다.

만약 편도체로 들어오는 정보가 정서적으로 매우 강렬한 자극이라면, 편도체가 전두엽을 압도한다. 분노에 불을 지피는 방아쇠가 당겨지고 편도체가 광분하기까지 수 초도 걸리지 않는다. 이를 편도체가 전두엽의 통제에서 벗어났다 하여 편도체가 납치당했다고 표현하기도 한다.

이때 사람은 오로지 '느끼는' 뇌로만 반응한다. 나를 화나게 하는 이 상황의 배경에 다른 이유가 있는지 이성적이고 합리적으로 판단하기 전에 행동에 곧장 돌입한다. 상황을 따져보고 다르게 대처하려면 시간이 더 필요한데 그럴 겨를이 없다. 편도체는 판단이나 사고, 추론 등에는 관여하지 않기 때문이다. 피니스 게이지가 분노에 쉽사리 휩싸인 이유는 손상된 전두엽이 편도체를 제대로 제어할 수 없었기 때문이었다.

욱하는 마음이 생길 때 앞뒤 가리지 않고 화를 내는 사람들이 많다. 욱하는 마음에서 저지르는 우발범죄들도 날로 늘어가고 있다. 누구에게나 욱하고 화가 치미는 상황이 생길 수 있다. 그래서 순간적으로 욱하는 분노감이 치밀어 오를 때는 마음속으로 열을 헤아리라고 한다. 우리의 뇌가 상황을 파악하고 감정을 추스리는 데는 시간이 필요하기 때문이다.

광분한 편도체를 달래는 데 필요한 최소한의 시간이 바로 10초다. 욱하는 마음이 생길 때는 무조건 열을 헤아려보자.

하나, 둘, 셋, 넷…… 참을 인(忍)자 셋이면 살인도 면한다.

주머니 속에 다크초콜릿을 상비해두라

화를 내는 것은 짜증에서 격노에 이르기까지 폭넓은 감정이다. 화가 나서 분노에 휩싸이면 감정이 격해져 본연의 모습을 잃고 의도하지 않은 말을 내뱉기도 한다. 격노한 사람은 제정신이 아니어서 본인이 아닌 다른 사람의 영혼이 들어간 것 같다.

분노의 표현도 다양하다. 한 발짝 물러나 침묵하거나, 겉으로 드러내지 않으면서 수동공격적으로 행동하기도 하고, 언어적 폭력을 행사하거나 물리적으로 직접 공격을 가하기도 한다. 누군가가 미워서 자다가 벌떡 깨본 적이 있는가? 분노는 매우 강렬하면서도 복잡한 감정이다.

우리는 언제 분노를 느낄까? 대형 마트 계산대에서 줄을 서서 기다리고 있다. 나는 물품 몇 개만 샀기 때문에 소수 계산대에 서 있는데, 내 앞에 열 개 이상의 물건을 산 사람이 줄을 서 있다. 화가 난다.

좁은 골목길에서 마주 오는 차와 딱 맞닥뜨렸다. 상대를 배려하는 마음에 내가 양보해서 차를 후진했다. 그런데 상대는 고맙다는 인사나 몸짓 하나 없이 휙 지나가버린다. 통근시간 혼잡한 지하철에서 내가 내리기도 전에 먼저 타려고 파고드는 사람을 보면 화가 치민다. 목이 말라 자동판매기에 동전을 넣고 시원한 음료를 기대하며 단추를 눌렀는데 기계가 동전만 집어삼키고 아무 답이 없다.

내가 세운 기준을 남이 지키지 않을 때도 화가 난다. 내가 동료보다 불공정한 평가를 받았다고 생각될 때도 화가 난다. 내가 응원하는 팀에 불리하게 판정하는 심판, 이메일로 새해인사를 보냈으나 답이 없는 동료들. 나를 화나게 하는 것들이 너무나 많아 헤아리기조차 어렵다.

내 기대가 어긋날 때, 위협과 폭력을 당했을 때, 자존감이 상처받았을 때, 누군가가 내 목표를 가로막을 때, 원칙이 지켜지지 않을 때, 부당하게 대우받았을 때, 부당함과 불의를 바로잡을 수 있는 힘이 내게 없을 때, 그래서 무력감을 느낄 때, 우리에게 자연스레 생기는 감정이 바로 분노다.

분노를 일으키는 상황이 발생하면 우리의 뇌는 분노를 유발하는 요인들에 어떻게 반응해야 할지를 결정하기 위해 매우 분주해진다. 뇌는 이 상황을 누구 탓으로 돌릴 것인지, 분노유발 요인이 얼마나 해로운지, 분노를 표출하는 것이 내게 이로운지 등을 순식간에 판단한다. 또한 분노를 촉발시킨 사람의 의도까지도 파악하려고 한다.

출근시간에 내 앞으로 새치기하는 운전사를 보면 순간적으로 분노감을 느낄 수 있다. 하지만 만약에 그 운전사가 만삭의 아내를 병원으로 데려가는 중이라면, 우리의 반응도 달라질 것이다. 1초도 안 되는 찰나의 순간이지만 우리의 뇌는 여러 정보들을 종합하여 화를 내도 될지 안 될지를 결정하게 된다.

분노 대 공격성

왜 사람마다 분노감을 느끼는 정도가 다를까? 일차적으로는 상황을 해석하는 데서 차이가 있다. 물건을 사려고 줄을 서 있는데 누군가 새치기를 했다. 내가 줄 서 있는 걸 보고서도 새치기를 했다고 해석하면 분노를 느끼지만, 그 사람이 나를 못 봤을 수도 있겠다고 생각하면 그냥 넘어갈 수도 있다.

분노해야 할 상황에서 분노하는 것은 자연스러운 감정이다. 그런데 대부분의 분노는 공격성(aggression)에까지 이르지는 않는다. 화가 난다고 해서 모두 다 주먹으로 벽을 치고 소리를 지르지는 않는다.

출근길 운전 중에 옆 차가 깜박이도 켜지 않고 급히 새치기를 하여 하마터면 사고가 날 뻔했다. 당연히 화가 난다. 그런데 모든 사람이 그에 반응해서 경적을 빵빵 울리거나, 욕을 퍼붓거나, 끝까지 뒤따라가 따지는 공격성을 보이지는 않는다. 분노가 감정상태를 표현하는 것이라면, 공격성은 분노로 인해 유발되는 행동이다.

분노감정에 그치지 않고 타인에 대해 공격적이고 난폭한 행동을 하는 사람들의 뇌는 어떻게 다를까? 분노와 공격성의 개인차에는 행복호르몬이라 불리는 세로토닌이 중요한 역할을 한다. 세로토닌의 감소는 우울증의 원인으로도 널리 알려져 있는데, 세로토닌이 낮을 때 뇌가 분노를 조절하기가 더 어렵다는 사실이 밝혀졌다.[26]

연구진은 실험 참가자들의 음식에서 세로토닌 함량을 조종했다. 어떤 날엔 세로토닌이 부족한 식단을 주었고, 그렇지 않은 날엔 정상량의 세로토닌이 포함된 음식을 제공했다. 그러고는 피험자들에게 화난 얼굴, 슬픈 얼굴, 중립적인 표정 등을 보여주며 기능적 자기공명영상을 촬영하여, 그 표정들에 대해 여러 뇌영역들이 어떻게 서로 소통하는지를 측정했다.

그 결과, 세로토닌이 부족한 날에는 정상인 날에 비해 편도체와 전전두엽의 소통이 약했다. 편도체와 전전두엽의 소통이 약한 경우 전전두엽이 편도체를 통제하기가, 즉 분노를 통제하기가 훨씬 어렵다.

공격적 성향을 가진 사람들은 흔히 주변 상황을 잘못 해석하여 별일 아닌데도 위협을 느끼며 과도하게 분노하고 공격성을 드러낸다. 또한 쉽게 놀림을 받았다고 느껴 으르렁대고 싸움을 건다. 이들의 뇌는 어떻게 다를까? 부적절하게 심한 분노를 표출하는 사람들의 뇌는 정상인에 비해 편도체의 활동은 높고 전두엽의 활동은 낮았다. 아울러 스트레스 호르몬인 코티졸이 증가하였고, 분노와 공격성을 통제하는 세로토닌은 감소하였다.[27]

이렇게 본다면 세로토닌이 낮을 때 뇌가 분노를 조절하기가 더 어렵고, 반대로 세로토닌이 높으면 화가 나도 감정을 조절하기가 훨씬 쉬울 것이다. 그러니 평소에 욱하는 성격이거나 화가 자주 나는 환경이라면 세로토닌이 풍부한 음식을 섭취하는 것이 분노를 조절하는 데 도움이 된다.

세로토닌이 풍부한 음식에는 생선(연어, 정어리, 청어)과 고기, 계란 그리고 아마씨(기름), 콩, 메밀 등의 곡류가 대표적이다. 또 키위, 바나나, 체리, 파인애플, 토마토와 같은 과일이나 채소류, 비타민 B_6가 풍부한 시리얼 등이 있다. 이러한 재료들을 기억해두었다가 평소에 식단에 자주 올리는 것이 효과적인 방법이다. 혹시 식사 시간에 세로토닌 음식을 섭취하지 못했다면 식사 후에 일광욕을 하며 산책을 하는 것도 좋은 방법이다. 일광욕 역시 세로토닌을 증가시켜주기 때문이다.

그리고 초콜릿을 좋아하는 사람에게는 다크초콜릿을 갖고 다니면서 화가 날 상황에 대비하는 것도 추천할 만하다. 다크초콜릿에는 세로토닌이 매우 풍부하게 들어 있다.

통제되지 않는 공격성은 물론 나쁜 것이지만, 모든 공격성이 부정적인 것은 아니다. 타인에게 위해를 가하는 병적이고 난폭한 공격성에 반해 자기를 보존하고 방어하기 위한 공격성은 분명히 다르다. 전자의 공격성에는 세로토닌이 낮았지만, 후자의 경우 세로토닌은 정상이었다. 세로토닌 결핍은 공격적 성향 중에서도 반사회적인 공격성에서 특별히 유의미하게 나타난다.

자기를 보존하고 가족의 생존을 지키기 위한 공격성에는 대표적으로 모성 공격성(maternal aggression)이 있다. 모성 공격성은 새끼를 지키기 위해 침입자에 과감히 맞서는 공격성을 말한다. 동물원에서 아기가 맹수에게 물릴 위기에 처하자 괴력을 발휘해서 철망을 열어 아기를 구한 사례도 여기에 포함된다. 모성 공격성에는 옥시토신이 중요한 역할을 한다. 사랑호르몬으로도 불리는 옥시토신은 출산과 수유 시에 뇌에서 분비되는 호르몬으로서, 불안과 공포를 줄여주기도 한다.

병적인 공격성과 생존을 위한 선의의 공격성은 외형적으로는 비슷할지 몰라도 뇌 안의 호르몬은 판이하게 다른 것이다.

욱할 때는 일단
밖으로 나가라

분노 표현하기

분노라는 감정은 우리의 원시적인 뇌에 각인되어 피할 수 없다. 어찌 보면 분노를 느낀다는 것은 우리 뇌가 건강하다는 뜻이다. 분노의 원인이 무엇이든 간에 분노의 감정을 느끼는 것 자체는 자연스럽다.

분노는 자동차 계기판의 표시등과도 같다. 내가 '상처 받았다', '욕구가 채워지지 않았다' 또는 '그건 옳지 않다'는 것을 알려주는 표시등이다. 자동차 계기판에 빨간 표시등이 켜지면 우리는 어떻게 하는가? 표시등 자체는 잘못된 것이 아니다. 그 표시등에 내가 어떻게 반응하느냐가 중요하다. 표시등에 제대로 대처하지 않으면 큰 사고가 날 수도 있다. 분노는 내가 행동에 돌입할 동기를 부여해주는 셈이다.

중요한 것은, 분노에 어떻게 대처하느냐, 분노를 어떻게 표현하느냐이다. 분노를 어떻게 표현하느냐에 따라 문제해결의 실마리를 얻을 수도 있다. 분노를 잘 처리하지 않으면, 나의 몸과 마음과 인간관계에 나쁜 영향을 미친다.

분노를 표현하는 목적에는 여러 가지가 있다. 잘못된 것을 바로잡기 위해서다. 잘못한 사람에게 그 행동이 부적절하다는 것을 알린다. 대인관계에서 나를 화나게 만든 문제를 바로잡는다. 분노를 표현하는 것은 관계를 깨뜨리기 위해서가 아니라 관계를 유지하기 위해서 필요하다. 내 힘을 과시하기 위한 목적도 있다. 분노를 유발하는 요인이 다시 일어나지 않도록 확실히 해두자는 의미도 있다. 그러나 정당한 이유로 분노를 적절하게 표현하는 일은 결코 쉬운 일이 아니다.

남편 직장 동료들을 초대해 집들이하고, 손님들이 모두 돌아간 후 아내는 집 안을 정리하기 시작한다. 엄청난 양의 설거지를 하고 있는데 남편은 혼자 소파에서 TV를 보며 맥주를 마시고 있다. 음식 준비하고 손님 맞이하느라 힘들었는데, 설거지에 청소까지도 내 몫이다. 매번 이런 식이다. 아내가 화가 나서 속이 끓는 것은 당연하다.

아내의 분노는 대체로 다음 세 가지 중 하나로 표현될 것이다.

첫째는, 분노를 안으로 삭이는 것이다. 아내는 설거지를 끝내고 씩씩거리며 소파에 앉는다. 남편이 왜 그러냐며 묻는 질문에도 뾰로통하게 아무 대답도 하지 않거나 돌려 말하며 빈정댄다. 일시적으로 화풀이 효과가 있지만, 근본적으로 문제가 해결되지는 않는다. 분노에 사로잡혀 그 상황을 계속 되풀이하며 생각하는 것은 분노만 증가시킬 뿐이다. 분노를 이렇게 안에다 차곡차곡 쌓아두다 보면 우울증이 생기기도 한다.

분노를 삭이는 것은 여성에게서 압도적으로 많이 관찰된다. '착한 사람 콤플렉스'를 가진 사람도 마찬가지다. 분노를 나쁜 감정이라고 생각하고, 타인에게 좋은 모습만 보이려는 사람은 분노감을 애써 감추려 할 것이다. 그러나 겉으로 표출하지 않고 안으로만 쌓아둔 분노는 결국 다른 모습으로 새어 나오게 된다. 적절한 분출구를 찾지 못한 분노는 우울증이나 화병, 심지어는 암의 발병률을 높인다.

두 번째는, 분노를 밖으로 터뜨려 버리는 것이다. 어떤 감정이든 억누르다 보면 그 감정은 예기치 않은 방식, 원하지 않은 형태로 분출될 수 있다. 타인에게 언어나 물리적 방법으로 폭행을 가하는 것이 여기에 포함된다. 아내는 결국 참지 못하고, 남편에게 욕을 하며 그릇을 내팽개친다. 분노를 안에서 삭이기만 하는 것보다 때때로 이렇게 뿜어내는 것이 좀 더 건강한 대응으로 여겨진 적도 있었다. 하지만 그렇다고 해서 나를 화나게 하는 사람에게 일일이 쏘아붙일 수는 없다.

분노를 터뜨리면 잠깐 기분이 나아질 수 있다. 하지만 역효과가 훨씬 오래가기도 한다. 결국 화를 숨기고 묻어두는 것과 마찬가지로 통제되지 않은 방식으로 터뜨리는 것 역시 무력감을 안겨줄 뿐이다.

세 번째 방법은, 분노를 조절하는 것이다. 아내는 남편에게 조용히 다가가 대화를 나눈다. 아내는 자신이 지금 화가 많이 났으며, 그 이유가 무엇인지, 남편에게 차분한 목소리로 설명한다. 여러 연구들에 의하면, 나를 화나게 한 문제에 대해 당사자와 직접 이야기를 나누는 것이 가장 적절한 방법이라고 한다. 문제를 해결하기 위해, 관계를 개선하기 위해, 내가 왜 화가 났는지 상대에게 이야기해주는 것이다. 이는 부정적인 것을 방관하지 않고 긍정적인 것으로 바꿀 수 있는 행동이다.

어떤 경우에는 의외로 문제가 간단히 해결되기도 한다. 남편은 자신의 행동이 아내를 화나게 했다는 것을 모를 수도 있기 때문이다. 가까운 관계에서 분노를 억제하고 감추는 것은 관계를 더욱 악화시킬 뿐이다. 내가 분노를 감추고 드러내지 않으면, 상대는 자신이 잘못하는지도 모르고 그 행동을 반복할 것이다.

해결책을 찾고자 하는 의도에서 분노의 감정을 적절하게 표현하면 관계를 개선시킬 수 있다. 분노가 오히려 우리에게 득이 되게 작용하는 것이다. 실제로 분노를 조절해서 생산적으로 표현하는 커플이, 분노를 감추고 억누르는 커플에 비해 좋은 관계를 더 오래 유지한다고 한다.

분노에 대응하기

그러나 이렇게 분노를 조절해서 생산적으로 표현하는 것이 모든 상황에서 가능한 것은 아니다. 또 말이 쉽지 막상 실천하기도 어렵다. 난폭 운전자들과 매번 차분한 대화를 할 수 있는가? 나를 부글부글 끓게 하는 직장 상사와 문제해결을 위해 부드럽게 대화를 시도하기란 여간 어려운 일이 아니다. 분노의 감정을 차분하게 표현하는 것이 불가능할 때는 어떻게 해야 할까?

분노의 감정에 휩싸일 때 일단 마음속으로 열을 헤아리면 극단적인 행동은 막을 수 있다. 하지만 분노의 감정이 온전히 없어지지는 않는다. 분노의 감정은 '싸울 것이냐, 도망갈 것이냐(fight or flight)'의 반응과 비슷하다. 분노를 부채질당한 상황에서 나는 상대의 (내 입장에서 볼 때) 불의에 맞서 싸울 채비를 갖춘다.

분노할 때의 화학 반응은 공포를 느낄 때와 동일하다. 공포를 느끼면 적과 싸우거나 도망가야 하듯이, 분노를 느낄 때도 공격적인 행동을 하거나 혹은 그 상황을 회피하려고 한다. 이때 몸 안에서는 아드레날린과 같은 호르몬들이 급증하여 에너지가 넘친다. 이가 갈리고, 주먹이 불끈 쥐어지고, 얼굴은 상기되고, 혈압과 맥박이 오르고, 호흡은 가빠지고, 근육은 긴장한다. 만화에 나오는 성난 캐릭터처럼 귀에서 수증기가 펄펄 나오고, 머리에서 발끝까지 온몸은 달아올라 벌겋다. 우리는 화가 나면 정말 피가 펄펄 끓는 것 같다.

아드레날린과 같은 호르몬의 영향권에 있을 때, 우리는 통제불능이 되고 나중에 후회할 말이나 행동도 서슴지 않게 된다. 그런데 이러한 호르몬의 영향은 몇 분 동안으로 그칠 수도 있지만 더 길게 지속되기도 한다. 처음에 화를 심하게 낸 후 진정되는 듯하다가도 얼마 후에 별일 아닌 일에 더 극심하게 분노를 보이는 경우가 종종 있다. 여전히 혈액 속을 돌아다니는 호르몬들 탓이다.

그래서 이런 경우에는 응급처치의 하나로 자신의 가슴에 분노

105

를 사라지게 하는 매직버튼이 있다고 상상하고, 그 버튼을 눌러 자기
최면을 함으로써 급한 불을 끄는 것도 하나의 방법이다.

하지만 열을 헤아리는 행동이나 매직버튼을 누르는 행위로 분
노를 완전히 잠재우기는 충분치 않다. 이래저래 호르몬의 영향권에서
벗어나려면 20분 정도 걸린다고 한다. 따라서 나의 편도체가 납치당해
서 분노에 휩싸여 있다면 나 자신에게 20여 분 정도 충분한 시간을 주
는 것이 필요하다.

만약 상대방에게 분노의 빌미를 제공했다면 상대에게도 시간
을 주어야 한다. 적어도 20여 분이 지난 다음에 문제해결을 위해 대화
를 시도해보자. 나도 화가 나는 상황이라고 같이 화를 내면 사태만 악
화시킬 뿐이다. 감정적인 뇌의 지배에서 벗어나 이성적인 뇌의 조율을
받으려면 누구에게든 일정 시간이 필요하다.

욱하면 일단 그 자리를 떠나자. 나를 화나게 한 상황으로부터
벗어나는 것이 우선이다. 그런 다음 어깨에 힘을 빼고 팔을 늘어뜨린
상태에서 천천히 심호흡을 하며 릴랙스를 해보자. 다른 생각이나 사물
에 주의를 돌리자. 소리를 지르고 싶다면 주위 사람에게 방해가 되지
않는 범위에서 지르자. 베개에 얼굴을 파묻고 소리를 지르는 것도 방
법이다. 위험한 순간을 벗어났다면 천천히 주변을 둘러보며 다른 활동
이나 놀이, 운동에 에너지를 돌려보자.

장기적으로 보았을 때, 나를 화나게 한 것이 무엇인지, 왜 화가
났는지에 대해 생각을 해보는 것이 중요하다. 분노의 폭풍이 지나가고
마음이 가라앉았을 때 곰곰이 돌이켜보자. 이때 자신의 감정을 글로

옮겨보는 것도 도움이 된다.

글로 적기 시작하면 마음속 깊은 동굴에 숨어 있던 복잡한 감정들이 하나둘씩 수면 위로 떠오른다. 그렇게 의식의 표면으로 떠오른 감정의 파편들은 밝은 햇볕 아래 이리저리 제자리를 찾아간다. 그러다 어느 순간, 마음속의 분노와 막연한 불안이 사라지면서 복잡한 감정들이 정리가 되는 느낌을 받는다. 글쓰기에는 스스로 분노의 감정에서 해방되고 마음의 치유를 얻게 하는 힘이 있다.

분노감은 흔히 나의 내면적 문제와 연관되어 있을 때가 많다. 그래서 분노는 때때로 자신을 돌아보게 하는 계기가 된다. 분노라는 다리를 통해 내가 나 자신에게 더 가까이 다가갈 수 있다. 분노는 자신에 대한 통찰과 이해를 주기도 한다. 분노를 통해 내가 더 나아지고 나를 변화시킬 수 있는 것이다. 분노에 효과적으로 대응한다는 것은 진정 화낼 가치가 있는 상황을 구별하고, 분노를 상황에 맞게 표출하고 건설적으로 해소하는 지혜를 배우는 것이다.

감정을 성찰하는 것 외에도 분노에 대응하는 방법은 무수히 많다. 그때그때 자신에게 잘 맞는 긍정적인 방법을 찾는 것이 중요하다. 예를 들어, 손으로 하는 취미를 갖는 것도 분노를 조절하는 데 도움이 된다. 뜨개질이나 사진 찍기, 그림, 컬러링 혹은 목공이나 집 수리 등 손이나 몸을 움직여서 하는 취미는 건강한 집중이나 무념무상을 체험할 수 있게 하므로 명상과 비슷한 효과를 가진다.

분노를 이겨내고 싶다면 풀리지 않았던 문제에 도전해보라

분노는 나의 에너지

분노를 좋은 감정으로 보는 사람이 얼마나 될까? 우리는 분노를 참아야 할 이유가 여럿 있다. 나 자신부터 내가 화내는 모습은 싫다. 화를 내면 내 기분도 나빠지고 바보 같은 짓을 한 것 같아 후회스럽다. 남들 앞에서 체면을 구긴 것 같다. 감정을 조절하지 못하고 남에게 상처를 준 것 같아 미안하기도 하다.

품격을 지키기 위해 분노를 감추려고 갖은 애를 쓴다. 필요한 상황에서도 남에게 싫은 소리를 하는 것이 쉽지 않다. 우리 모두 조금씩은 '착한 사람 콤플렉스', '착한 감정 콤플렉스'가 있다. 현대인에게 분노는 피하고 감추고픈 감정이다.

그런데, 과연 분노는 원래 나쁜 감정일까? 분노가 그렇게 부정적인 것이라면, 왜 분노라는 감정이 여전히 우리 뇌에 남아 있을까?

스티브 잡스의 여러 일화를 보면 그가 분노가 많은 사람이었다는 걸 알 수 있다. 그는 업무에 너무나도 높은 기준을 갖고 있어, 부하 직원이 그것을 만족시키지 못하면 불같이 화를 내곤 했다고 한다. 이러한 분노는 잡스의 경영 방식의 일부였다고 한다.

조직 경영에 분노라니, 당혹스럽게 느껴진다. 흔히 조직의 힘을 극대화하기 위해서는 인화나 격려와 칭찬 등 긍정적인 피드백이 중요하다고 여겨진다. 생산성을 높이기 위해 널리 쓰이는 방법 중 하나인 브레인스토밍을 예로 들어보자.

브레인스토밍의 가장 중요한 원칙은 절대로 남의 의견을 비판하지 않는 것이다. 만약 내 아이디어가 남으로부터 비판을 받는다면, 누가 자유롭게 자기 생각을 말하겠는가? 신선한 아이디어라 생각하고 말했다가 자칫 놀림감이 될 수도 있으니 위축될 수밖에 없다. 브레인스토밍을 극찬한 알렉스 오스본은 "창의성은 섬세한 꽃과도 같아서, 칭찬을 받으면 활짝 피지만 비판받으면 싹도 못 틔운다"라고 했다.

모든 업무가 브레인스토밍의 성격을 갖는 것은 아니다. 하지만 분명히 스티브 잡스의 일상적인 업무 스타일은 긍정적인 피드백을 중시하는 것과는 거리가 멀었다. 그는 자신이 세운 기준에 못 미치는 업무 성과나 출시한 제품의 실패에 대해 실망과 분노를 드러내는 데 주저하지 않았다. 그런데 이 경우 잡스의 분노는 효과가 있었을까? 다음 연구는 주목할 만하다.

실험 참가자들에게 자기가 꿈꾸는 직업에 대해 짧은 발표를 하게 했다.[28] 학생들을 두 그룹으로 나누어, 한 그룹에게는 발표에 대해 긍정적인 피드백(학생들의 발표에 미소를 띠거나 고개를 끄덕이는 반응)을 주었고, 다른 그룹에는 부정적인 피드백(인상을 찌푸리거나 고개를 가로젓는 반응)을 주었다.

발표가 끝난 후, 학생들에게 풀과 종이와 여러 색깔의 천을 주어 콜라주 작품을 만들어 보라고 했다. 그런 다음, 학생들이 제출한 콜라주 작품을 프로 예술가들이 평가하여 창의성 점수를 매겼다. 피드백이 피험자들의 작품에 어떤 영향을 미쳤을까?

발표에 대한 피드백이 피험자들의 기분에 영향을 준 것은 당연하다. 발표할 때 미소를 받은 피험자는 발표 전보다 기분이 나아졌고, 찌푸린 반응을 받은 피험자는 그 반대였다.

그런데 놀라운 사실은, 부정적인 피드백을 받은 피험자들이 긍정적인 미소의 피드백을 받은 학생들보다 훨씬 더 창의적이고 아름다운 콜라주를 만들었다는 것이다. 결과적으로 미소에 비해 분노가 학생들을 더 창의적인 예술로 이끌었다고 볼 수 있다.

분노 감정의 긍정적인 작용은 다른 연구에서도 볼 수 있다.[29] 대학생 실험 참가자들을 두 그룹으로 나누어 한 그룹은 단단히 화가 나게 만들었고, 다른 그룹은 감정을 자극하지 않고 중립적이게 했다. 그런 다음 두 그룹 학생들에게 여러 에세이들을 제시하면서, 연구결과를 적절히 인용한 설득력이 강한 에세이와, 근거 없이 주장만 서술한 나쁜 에세이를 구별하게 했다. 결과는 어땠을까? 화가 난 학생들이 그렇지 않은 학생들에 비해 설득력이 강한 에세이를 더 잘 골라냈다.

상식과는 반대로, 분노의 감정이 창의성이나 분석적 사고를 하는 데 있어 장벽이 아니라 오히려 조력자 역할을 한 셈이다. 이유는 무엇일까? 비록 분노는 불쾌한 감정이지만 창의적 사고를 북돋울 만한 이유들이 있다.

먼저, 분노는 에너지가 많은 강렬한 감정이다. 분노는 아드레날린을 솟구치게 한다. 그런데 아드레날린은 문제 해결을 위해 주의를 집중하고 깊이 파고드는 힘을 준다. 분노의 감정은 분석적 사고를 이용해서 문제를 해결하려는 욕구로 배출될 수 있다.

둘째, 분노를 느낀 사람들은 그렇지 않은 경우에 비해 구조에 끼워 맞춰 생각하는 성향이 좀 더 낮다고 한다. 따라서 폭넓은 시각으로 자유롭게 정보를 활용하는 경향이 높다. 이러한 과정은 소위 기존의 프레임을 벗어나서 '큰 그림'을 보게 하여 문제를 새롭게 해석하고 창의적으로 해결하는 실마리를 제공한다. 반면에, 다른 사람의 피드백에 불만이 없고 감정이 중립적인 경우에는 굳이 익숙하지 않은 가능성을 껴안을 이유가 없다. 새로운 생각들을 품에 안는 위험을 감당할 이유가 없는 것이다. 비판이 없다면 우리는 제자리에 머물려고 한다. 분노가 '다르게 생각하게' 만드는 원천이 되는 이유다.

또한 부정적인 피드백을 받은 사람들은, 창의적인 해결법을 찾기 위해서 자신들이 더 많이 노력해야 하는 것으로 받아들인다. 반대로, 긍정적인 피드백을 받은 사람들은 창의적 과제를 이미 달성했다고 받아들여 더 이상의 노력을 기울이지 않게 된다.

그러나 분노의 효과는 그리 오래가진 않았다. 분노는 육체적·정신적으로 중노동이기 때문에 사람을 기진맥진하게 만들어 에너지를 고갈시킨다. 그래서인지 화가 난 피험자들이 처음에는 창의적인 아이디어를 많이 냈다가도 나중에는 다른 사람과 비슷해져 버렸다. 따라서 짧은 시간에 창의성을 폭발적으로 증가시키는 데는 분노가 도움이 될 수 있지만, 장기적으로 창의성을 증진시키려면 평소에는 분노를 삼가면서 필요한 순간에만 전략적으로 활용하는 것이 좋겠다.[30]

여기서 우리는 분노에 대처하는 한 차원 높은 지혜를 발견하게 된다. 분노를 느낄 때는 우선적으로 그 자체에 빠져들지 않도록, 분노를 일으키는 상황에서 벗어나 분노의 대상에 집착하지 않는 것이 중요하다. 그런데 마음 먹기에 따라 여기서 더 나아가서 오히려 분노의 에너지를 건설적으로 활용할 수도 있다. 분노를 느낄 때 창의적인 활동을 하면 더 효과적일 수 있기 때문이다.

그러니 화가 나서 속에서 부글부글 분노의 에너지가 끓고 있다면 분노의 현장에서 한 걸음 비켜난 후 발상의 전환을 하여, 그동안 잘 풀리지 않아 고민하던 문제의 해결에 도전해보는 것이다. 분노감을 창의성으로 승화시킬 수 있다면, 이 얼마나 멋진 일인가.

아무튼 분노는 나쁜 감정만은 아니다. 화낸다고 쿨하지 않은 건 아니다. 다른 모든 감정처럼 분노도 존재의 이유가 있다. 좋은 쪽으로 쓰일 수 있는 잠재력이 있다. 누구에게는 분노가 창의성의 원동력이 되기도 하고, 타인의 창의성을 북돋워주는 도구가 되기도 한다. 분노의 감정은 에너지가 크다. 그 에너지를 내게 유리한 쪽으로 쓸 것인가,

나를 파괴하는 쪽으로 쓸 것인가는 우리에게 달려 있다.

숭고한 분노

빨강, 노랑, 주황색의 화난 새들이 몸을 날려 돼지를 공격한다. '앵그리 버드'가 화난 이유는 분명하다. 자신의 소중한 '알'을 돼지가 훔쳐갔기 때문이다. 그 분노는 정당하다. 앵그리 버드는 한때 가장 인기 있는 게임이자 캐릭터 중의 하나였다. 작은 새와 돼지와의 싸움은 다윗과 골리앗의 싸움 같지만, 앵그리 버드는 자신의 알을 되찾기 위해 장애물을 격파하며 자기보다 강한 상대에게 몸을 날린다.

이렇게 단순한 게임에 사람들이 열광하는 이유는, 앵그리 버드의 독특한 이미지 덕분이기도 하겠지만, 새들의 솔직한 분노에 공감이 되는 것도 한몫을 하는 것 같다.

사회나 가정에서 부당한 대우를 받더라도 참고 견디는 사람들이 많다. 개인의 힘으로 맞서기엔 불가항력이기 때문이다. 그들 중에는 자기가 처한 현실을 남의 일 얘기하듯 담담하게 표현하는 사람들이 많다. 이런 '차분한' 이야기를 듣고 있노라면 내가 더 울화통이 치민다. 그 사람에게 부당한 대우를 하는 사람에게도 화가 나지만, 분노하지 않는 그 사람에 대해 더 화가 난다. 화내지 않는 사람은 '대체 화를 내봐야 무슨 소용이 있나. 바뀔 게 하나도 없는데……'라고 반문하며 자신을 합리화한다. 우리에게 익숙한 말이다.

믿었던 사람에게 배신을 당했거나, 누군가에게 신체적으로 공격을 받았을 때, 또 사회적으로 불의와 부당한 처사가 있을 때 분노하는 것은 정당하다. 아리스토텔레스는 "정당한 이유로 분노하는 사람은 칭송받아야 한다"라고 말했다.

같은 상황이라도 사람들은 다양한 감정을 보일 수 있다. 악조건 속에서 누구는 분노를 느끼지만 누구는 두려움을 느낀다. 카네기멜론 대학의 심리학자인 제니퍼 러너(Jennifer Lerner) 박사는 아흔두 명의 대학생들에게 카메라 앞에서 어려운 문제를 풀게 하여 심리적 압박을 가했다.[31] 이를테면 6,233에서 13씩 계속 빼나가라고 지시하며, 빠른 속도로 셈을 하지 않으면 더 빨리 하라고 들들 볶았다. 만약 답이 틀리면 피험자는 처음부터 다시 시작해야 했다. 테스트는 지적 능력을 측정하는 검사라고만 했다.

연구진은 비디오 카메라로 피험자들의 얼굴 표정을 잡아 분석했다. 안면근육들의 수축을 평가하는 도구를 이용해서 얼굴 표정에서 나타난 분노, 두려움, 혐오와 같은 감정을 읽어냈다. 연구진은 또한 피험자의 혈압, 맥박, 스트레스 호르몬(코티졸)의 수치를 측정했다. 결과는 흥미로웠는데, 테스트를 받으며 표정에 분노를 나타낸 사람들이 두려움을 보인 피험자들에 비해 혈압과 코티졸의 수치가 낮았다.

사실 러너 박사는 미국 9.11 테러사건으로부터 두 달 뒤 9.11에 대한 미국인의 정서반응을 연구한 바 있다. 박사의 연구에 따르면, 두려움을 보인 사람들보다 분노를 표현한 사람들이 다가오는 위험에 대해 좀 더 현실적이고 낙관적인 태도를 가졌으며, 또 테러에 대해서도

더욱 의연하게 대처해야 한다고 주장했다.[32]

　　불의나 부정에 대항할 수 있는 힘은 분노에서 비롯된다. 권력을 향한 대중의 분노는 투표를 통해 표출되기도 한다. 도덕적인 분노는 사람들에게 동기를 부여하여 큰 변화의 원동력이 되기도 한다. 만약 대중의 분노가 없었다면 역사는 발전하지 못했을 것이다. 분노는 우리가 속한 사회나 조직을 바꿀 수 있는 강력한 힘이 될 수 있다. 악을 바로잡고 정의를 세우기 위한 분노는 숭고하고 고결하다.

　　성 토마스 아퀴나스는 분노해야 할 때 분노하지 않는 것을 악덕이라 하며 '부당한 인내(unreasonable patience)'라 불렀다. 요즘 사회는 툭하면 짜증을 내고 욱하며 화를 내는 사소한 분노는 늘었지만 숭고한 분노, '굿 앵거'는 오히려 줄어든 것 같다. 우리가 행복하지 않은 원인은 대체로 우리를 화나게 하는 사람이나 환경 그리고 우리의 감정상태에 있겠지만, 정작 우리가 화를 내야 할 때 제대로 분노하지 않아서 상황이 더 악화되는 것은 아닌가 하는 생각이 든다.

4장

두려움이 없으면 행복할 용기도 없다

Craughing : crying + laughing

두려움을 모르는 여인

미국의 수준급 여성 화가인 SM은 겁도 없이 뱀을 만진다. 그녀는 애완동물 가게에서 뱀을 보자마자 호기심이 발동하여 뱀을 만지기 시작했는데, 비늘을 쓰다듬고 날름거리는 혀를 만지기까지 했다. "이거 정말 재미있는데요" 하며 더 크고 위험한 뱀들도 만지고 싶어했다. 독거미를 만지려는 것을 종업원이 가까스로 말렸을 정도다.

그녀를 무서운 '유령의 집'으로 데려가 보았다. 다른 사람들은 모두 유령에게 놀라서 기겁하며 소리를 질러댔지만, SM은 키득키득 웃으며 유령에게 다가가 말을 건넸다. 오히려 유령의 머리를 쿡 찔러 유령이 놀라 도망가는 일까지 벌어졌다. 그녀는 으스스한 유령의 집도

119

재미있고 즐겁기만 하다고 했다.

　SM은 타인의 얼굴에 나타난 두려움이나 공포를 인식하지 못했다. 그녀는 화가였지만 유독 겁에 질린 얼굴을 그리지 못했다. 도대체 겁에 질린 얼굴 표정이 어떤 것인지 모르겠다는 것이다. 그녀의 아들도 엄마가 겁에 질린 것을 한 번도 보지 못했다고 했다. 자녀들이 길가에서 뱀을 보고 놀라자, 엄마가 서슴없이 뱀을 집어 들어 풀 속으로 던져버렸다고 했다. 그녀의 지적 수준이나 기억력, 언어 구사는 모두 정상이었고, 공포감 외에는 다른 감정을 모두 느낄 수 있었다.

　그녀는 어렸을 적에는 공포감을 느낄 수 있었다고 기억한다. 이빨을 드러내며 으르렁거리는 경찰견이 무서워 도망간 적이 있었다고 한다. 그러나 어른이 되고서는 공포를 느끼지 못했다.

　한번은 살해의 위협을 당한 적도 있었다. 늦은 밤에 그녀가 공원을 거닐고 있는데 벤치에 앉아 있던 남자가 소리를 지르며 오라고 했다. 그녀는 떨지도 도망가지도 않고 그 남자에게로 다가갔다. 그러자 남자가 칼을 빼 그녀 목에 들이대며 죽이겠다고 위협했다. 하지만 그녀는 침착함을 잃지 않았다. 오히려 그 남자를 바라보면서 "나를 죽이면 당신은 내 수호천사의 벌을 받을 거야"라고 차분하게 대답했다. 그 남자는 금세 뒤로 물러섰고, 그녀는 집까지 걸어왔다. 뛰지도 않았다. 전혀 무서워하지 않는 모습에 되레 그 남자가 질린 것이다.

　또 다른 범죄자가 그녀에게 총을 겨눈 적도 있었고, 폭동에 휘말려 거의 죽을 뻔한 고비를 겪기도 했다. 그러나 그 어떤 경우도 그녀를 공포에 떨게 하진 못했다. 그녀가 아직 살아 있다는 게 신기할 정도다.

미국 아이오와 대학 연구진은 SM을 20년 넘게 연구해오고 있다.[33] 다양하게 공포 대상에 노출시켜 보았으나 그녀의 공포 수준은 언제나 제로였다. 그녀는 기쁨이나 슬픔 같은 다른 감정들은 느꼈으나 공포감을 나타낸 적은 단 한 번도 없었다. 대체 그녀에게 어떤 문제가 있는 것일까?

공포의 블랙박스

그녀는 세 자녀를 키우고 있는 평범한 여자다. 다만, 지극히 드문(지금까지 전 세계적으로 300건도 채 보고되지 않은) 유전병인 우르바흐-비테(Urbach-Wiethe)병을 앓고 있을 뿐이다. 이 병에 걸리면 편도체가 서서히 쪼글쪼글해지면서 결국 없어지게 된다. SM이 그나마 어릴 적에 공포감을 느낄 수 있었던 이유는, 그때까지는 아직 그녀의 병이 양쪽 편도체를 완전히 갉아먹어 버리기 전이었기 때문이다.

그렇다면, 편도체는 공포감정의 블랙박스일까? 공포에 관여된 뇌영역은 여러 곳이지만, 가장 중요한 곳을 하나 대라면 역시 '편도체'라 할 수 있다.

편도체와 공포감정의 연관성에 대한 발견은 1939년으로 거슬러 올라간다. 신경과학자인 하인리히 클뤼버(Heinrich Kluver)와 폴 부시(Paul Bucy)는 원숭이의 양쪽 측두엽을 모두 절제했을 때(측두엽 안에 편도체가 들어 있다) 특이한 행동양식이 일어나는 것을 관찰했다.[34]

원숭이들은 수술 전에 비해 상당히 유순해져서 말도 잘 들었고 공격성도 보이지 않았다. 무엇보다도 수술 전에는 사람들을 무서워했는데 수술을 받은 후에는 사람들을 봐도 별 반응을 보이지 않고 무관심하게 행동했다.

그 외에 과잉성욕과 과식탐 증세를 보이는 등 양쪽 측두엽 장애로 생긴 이러한 증상들의 조합을 '클뤼버-부시 증후군'이라 부른다. 이후 또 다른 연구진은 쥐에게서 편도체만 제거해도 공포반응이 없어지는 것을 관찰했다. 편도체가 망가진 쥐는 정말 겁도 없이 고양이에게로 다가갔다.

인간의 경우에도 원숭이 실험의 결과가 그대로 적용된다. 예를 들어, 공포에 질린 얼굴의 사진을 보여주며 기능적 자기공명영상을 촬영하면 사진을 본 사람의 편도체가 활성화된다. 또 어떤 이유로든 편도체가 심하게 손상된 환자들은 사람들의 표정에 나타나는 감정 중에서 공포감을 인식하는 데 가장 큰 어려움을 느꼈다. 공포를 느끼는 데 편도체가 핵심적인 역할을 한다는 주장에 이견은 없다.

공포와 불안은 어떻게 다를까?

공포와 불안은 둘 다 비슷한 신체반응을 유발하기 때문에 혼용되기도 하지만, 엄밀히 말하면 구분될 수 있다.

먼저 공포는 실제로 위험요소가 있는 상황에서 일어나는 감정반응이다. 예를 들어, 범죄자로부터 쫓기거나 불타는 건물에 갇혀 있는 경우 일어나는 반응이 공포감 혹은 두려움이다.

그러나 불안이라는 감정은 위험요인이 존재하지 않는데도 일어나는 반응이다. 실제로 위험하지 않기 때문에 머리로는 이러한 감정이 잘 이해가 되지 않는다. 그럼에도 대상에 대해 공포감이 실제로 발생하기에 당사자로서는 어찌 할 도리가 없다. 이런 식으로 현실적인 위험요소가 없는데도 갑자기 두려움이나 공포가 발생하는 심리적 불안 상태를 우리는 '공황(패닉)'이라고 부른다.

그런데 공포를 느끼지 못하면 공황발작도 일어나지 않을까?

그때까지 뇌과학자들이 SM에게 실험하지 못했던 공포자극이 있었는데, 그것은 이산화탄소였다. 농도가 높은 (그러나 실제로는 인체에 해롭지 않은) 이산화탄소는 사람이 흡입하면 숨이 막혀 죽을 것 같다는 공포를 느끼며 공황발작을 일으킬 수 있는 물질이다. 아이오와 연구진은 우르바흐-비테병을 가진 세 여인(SM을 포함)을 시험해보기로 했다.[35] 이때 연구진들은 이전의 수많은 실험에서 그랬듯이 이번 이산화탄소 시험도 이들에게 공포감을 유발하는 데 실패할 것이라고 예상했다.

그런데 놀랍게도 마스크를 쓰고 35%의 이산화탄소를 흡입했을 때, 세 여인 모두 공황발작을 보였다. 그들 모두 이산화탄소를 흡입하자마자 겁에 질려 어쩔 줄 몰라했으며, 숨을 헐떡이며 고통스러워하고 마스크를 벗어버리기 위해 거친 행동을 보였다. 실험 후 인터뷰에서도 가스를 마시는 동안 질식해서 죽을 것 같았다고 고백했다. SM은 어른이 되어서 처음으로 경험하는 공포라고 했다. 그에 반해, 정상인

가운데는 12명 중에 3명만이 공황발작을 보였다. 이들의 발작 정도도 편도체가 없는 세 여인보다 훨씬 '덜'했다. 정말 놀라운 결과였다.

그 이유는 무엇일까? 시각이나 청각을 통한 공포는 편도체를 통해서 처리되지만, 이산화탄소와 같은 가스가 유발하는 공포는 편도체를 우회하여 다른 경로를 거치는지도 모른다. 아니면, 외부의 위협에 대한 공포는 편도체에서, 내부에서 기인하는 공포는 다른 경로를 통해서 일어난다는 가정을 해볼 수도 있다. 그렇더라도 (피험자수가 많지 않아 단언할 수는 없지만) 편도체가 없는 여인들에게서 오히려 공황발작이 더 흔하고 더 심했다는 사실은 쉽게 받아들이기 어렵다.

혹시, 편도체의 기능이 없어지거나 약해지면 공황발작이 더욱 부채질되는 것은 아닐까? 편도체가 건강해야 공황발작을 막을 수 있는 것이 아닌가 조심스레 추측해본다.

편도체에서 기인하는 근거 있는 두려움은 자연스러운 감정이다. 하지만 현실적인 위험이 없는데도 발생하는 공황발작은 일종의 병적인 두려움이다. 불안장애를 겪는 사람들은 자신이 공포를 경험할 것이라는 사실 자체를 두려워한다. 다시 말해서 '공포에 대한 공포', 혹은 '두려움에 대한 두려움'이 있는 것이다.

막연히 두렵거나 불안하다면 위험요소가 실제로 존재하는지 잘 따져보자. 현실적인 위험요소가 존재하지 않는다면 그것은 두려움이 아니라 불안일 가능성이 높다. 불안에 휘둘리지 않으려면 건강한 두려움과 공연한 불안을 구분하는 것이 필요하다. 건강한 두려움은 받아들이되, 쓸데없는 불안은 과감하게 버리자.

공포는 위기를 알려주는 건강한 신호, 그 신호에 귀 기울여라

공포의 뇌과학

공포는 공포감을 유발하는 자극으로부터 시작된다. 그 자극제는 뱀과 같은 흉측한 동물일 수도 있고, 내 목을 겨누는 칼이 될 수도 있고, 내 발표를 경청하려고 강당을 가득 메운 수백 명의 청중일 수도 있다. 그 자극에 나의 심장박동이 빨라지고, 숨이 가빠지고, 근육에 힘이 들어간다.

공포반응은 나의 의식과는 무관하게 뇌와 몸에서 자동적으로 진행되는 과정이다. 고대 원시인이든 현대인이든 자신의 생명을 위협하는 사나운 짐승과 맞닥뜨렸을 때는 싸우거나 아니면 도망가야 한다. 그래서 이런 생리적 현상을 '싸우거나 도망가기 반응(fight or flight

125

response)'이라 부른다.

편도체가 공포감정의 형성에 가장 핵심적인 역할을 하지만, 시상, 감각피질, 해마, 시상하부도 공포감정에 관여한다. 시상은 눈, 귀, 코, 피부 등으로부터 오는 감각정보를 어디로 보낼지 결정하는 곳이고, 감각피질은 감각정보를 해석하는 곳이다. 해마는 기억의 저장소이자 필요시 기억을 끄집어내는 곳으로, 자극 정보들을 처리하여 전후 사정을 파악한다.

그에 반해서 편도체는 일종의 감정해독기다. 그래서 공포기억을 저장하고, 그 기억을 통해 위협상황을 인식하는 가장 중요한 역할을 맡는다. 또한 시상하부는 '싸우거나 도망가기 반응'을 촉진한다. 결국 공포라는 감정의 진행 과정은 공포자극제에서 시작해서 싸우거나 도망가기 반응으로 끝난다. 뇌로 보자면, 시상에서 시작해서 시상하부에서 끝나는 셈이다.

공포감을 처리하는 두 갈래 길

그런데 시작점에서 끝점까지는 두 갈래의 길이 있다. 하나는 아랫길이고 또 하나는 윗길이다. 아랫길은 빠르고 민첩하지만 서툴고 엉성하기도 하다. 반면에 윗길은 시간은 좀 더 걸리지만 위험물에 대해 좀 더 정확한 해석을 내놓는다. 이제 그 두 길을 자세히 살펴보자.

아랫길은 '요행을 바라지 말자' 주의다. 야심한 밤에 갑자기 거실 창문이 덜컹거리는 소리가 난다. 지나가는 바람 때문일 수도 있지만, 밤손님이 문을 따려고 내는 소리일 수도 있다. 바람일까, 도둑일까? 도둑일지도 모른다는 생각을 하고 준비하다가 바람 때문인 것을 알고 안도하는 편이 나을까? 아니면, 바람이겠거니 방심하다가 뒤늦게 강도를 맞을 준비를 하는 게 나을까? 안전 면에서는 전자가 훨씬 더 유리하다. 그래서 아랫길은 일단 저질러놓고 나중에 따져보는 방식이다.

좀 더 자세히 살펴보자. 창문이 덜컹거리는 소리가 들린다. 야심한 밤에 들리는 이 소리는 두려움을 자극한다. 이 소리자극은 귀를 통해 시상에 도달한다. 시상은 이 소리가 위험신호인지 아닌지를 완벽하게 판단하지는 못하지만, 위험신호일 가능성이 있으므로 일단 편도체에 정보를 전달한다. 그러면 편도체가 반응하면서 즉각 조치를 취한다. 시상하부에다가 싸움의 태세를 갖추거나 아니면 재빨리 도망갈 준비를 하라고 이르는 것이다.

이러한 연쇄반응은 결국 창문에서 난 소리의 원인이 강도인 경우를 대비하여 우리 자신의 생명을 구하기 위한 응급 조치인 셈이다.

반면에, 윗길은 훨씬 생각이 깊다. 아랫길에서 공포 반응이 진행되는 동안, 윗길은 사태를 지켜보며 여러 가능성을 따져본다. 밤손님일까? 바람일까? 창문이 덜컹거리는 소리자극이 시상에 도달하는 것은 아랫길과 마찬가지다.

그런데 시상은 이번에는 편도체가 아니라 감각피질로 정보를 보낸다. 감각피질은 창문 소리의 의미를 해석해본다. 그 소리에 대해 여러 해석이 가능하다는 것을 안다. 그래서 그 정보를 해마로 보내 맥락을 파악하게 한다. 해마는 '내가 이 소리를 전에도 들어본 적이 있던 가? 만약 그렇다면 그때는 어떤 상황이었던가? 강도와 바람을 구분하는 단서가 될 만한 것이 있는가?' 등을 따져본다. 해마는 또 감각피질로부터 다른 부수적인 정보들도 받는다. 이를테면 나뭇가지들이 창문을 때리는 소리, 휘몰아치는 바람소리, 테라스의 의자가 달그락거리는 소리 등이다.

이 모든 정보를 종합하여, 해마는 창문 소리는 아마도 바람 때문이라고 판단하게 된다. 이어 해마는 흥분한 편도체에게 위험요소는 없다며 진정시킨다. 그제서야 편도체는 시상하부에게 '싸우거나 도망가기' 반응을 중지하라고 이른다.

공포자극은 아랫길과 윗길로 동시에 전달되지만, 윗길이 더 오래 걸린다. 우리가 공포의 감정을 먼저 느끼고, 한 템포 후 가슴을 쓸어내리며 진정하게 되는 것도 이 때문이다.

감각정보를 받는 시상에서 편도체로 직행하는 지름길인 아랫길은 생존을 위한 필수 전략이다. 산길을 가다 바위틈새에 있는 뱀을 발견하고는 소스라치게 놀라 도망가려 했다. 그런데 가만히 보니 뱀이 아니라 나뭇가지였다.

위험요인에 대한 무의식적이고 자동적인 반응은 편도체를 통해서다. 우리는 대개 위험요인을 맞닥뜨리면 일단은 싸우거나 도망갈 준비를 먼저 한다. 그런 다음에 실제로 위험한지 아닌지를 판단하게 된다. 만약에 편도체의 자동적인 반응 없이 항상 윗길로만 위험요소를 판단하려 한다면, 바위틈새에 있는 것이 뱀인지 나뭇가지인지 판단하는 동안 진짜 뱀에 물리게 되는 불상사를 막기 어려울 것이다.

공포자극이 어느 길로 가든 마지막 종착지는 언제나 시상하부다. 시상하부는 고대 원시인으로부터 내려온 생존방식인 '싸우거나 도망가기'의 반응기제를 조절하는 곳이다. 시상하부는 교감신경계를 작동시켜 아드레날린과 같은 스트레스 호르몬을 분비한다. 이 호르몬 덕택에 우리의 몸은 긴장감을 높이고 빠른 속도로 경계태세에 돌입할 수 있다. 심장박동과 혈압, 혈당은 올라가고, 가능한 한 많은 빛을 받아들이려고 동공도 커진다. 또한 폐와 근육들에 혈액을 많이 보내기 위해 피부정맥이 수축한다. 우리가 공포감을 느끼면 으스스 추운 이유도 바로 피부로 가는 혈액이 상대적으로 적어져서다.

"지금 내 속에 나비 떼가 한 가득이야(I have lots of butterflies in my stomach)"라는 영어 표현이 있다. '안달하다, 안절부절못해 속이 울렁거리다'라는 뜻이다. 긴장하면 마치 위장 속에 나비가 날아다니는 것처럼 속이 울렁거리는데, 실제로는 긴장으로 인해 위장으로 가는 혈류가 감소해서 생기는 현상이다.

이런 모든 신체반응은, 적과 싸우든 도망을 가든 위험상황에서 살아남기 위해 필요한 생존수단이다. 싸우거나 도망가기 반응은 모든 동물들이 갖고 있는 본능이라 할 수 있다.

왜 공포감을 느끼는가?

원시인은 생존 그 자체가 전쟁이었다. 조금만 위협적인 것을 보더라도 줄행랑을 쳐야만 하는 약하디 약한 존재였다. 그런데 이제 우리는 사나운 짐승으로부터 도망 다닐 필요는 없어졌다. 난폭한 동물 대신 다른 인간으로부터 쫓길 때가 있지만, 동물의 왕국에서처럼 똑같이 벌어지는 일은 아니다. 그렇다면 싸우거나 도망가기 반응은 더 이상 쓸모 없는 구시대의 유물인가?

우리는 길에서 호랑이를 맞닥뜨릴 일은 없어졌지만, 여전히 도처에는 많은 위험들이 도사리고 있다. 수천 년 전의 인간들이 마주한 위험만큼이나 현재도 많은 위험이 산재해 있다. 과거에 비해 공포를 유발하는 자극제가 달라졌을 뿐이다. 늦은 밤에 인적이 드문 길을 피하는 것은 두려움 때문이다. 이러한 두려움은 생존을 연장하려는 합리적인 판단에서 비롯된다.

현대인의 생존문제는 의사결정과 관련이 깊다. 투자를 할 것인가 말 것인가, 직장을 옮길 것인가 그대로 다닐 것인가 등의 문제에 당면하면 위기감을 느낀다. 돈을 버느냐 잃느냐의 문제는 누구에게는 사느냐 죽느냐의 문제와 동일하다. 투자나 모험을 할 때 두려움으로부터 자유로운 사람은 아무도 없다. 편도체가 흥분하여 위기감을 고조시키는 반응은 건강한 뇌에서는 모두 일어난다. 사느냐 죽느냐, 먹느냐 먹히느냐의 생존문제는 여전히 현재진행형인 것이다.

과거에도 그랬듯이 지금도 공포감정은 우리를 보호한다. 우리가 만약 공포를 느끼지 못한다면 오래 살아남기 어려울 것이다. 공포는 우리 생명을 연장하기 위한 수단이다. 공포는 경계심 많은 문지기 역할을 한다.

공포는 잠재적인 위험요소에 주의를 기울이고 조심하게 하여 우리의 생명을 안전하게 보호한다. 진화과정에서 제대로 두려워할 줄 아는 사람들이 오래 살아남았고 종족을 번식시킬 수 있었다. 공포감이 우리 뇌에 내재된 이유는 우리에게 도움이 되기 때문이다. 공포는 위기 상황임을 알려주는 건강한 신호다. 그 신호에 적절히 귀 기울일 줄 알아야 한다.

두려울 땐 지금까지
가장 두려웠던 순간과 비교해보라

공포감정의 개인차

왜 누구는 개를 무서워하고, 누구는 개를 친근하게 대할까?

1920년대, 미국의 행동심리학자 존 왓슨은 대학원생 로잘리 레이너와 함께 11개월짜리 젖먹이를 대상으로 공포실험을 수행했다. 왓슨은 이반 파블로프의 고전적 조건반사를 떠올리며, 감정반응도 고전적 방법으로 조건화가 되는지 관심을 가졌다.

피험자는 지금은 '어린 앨버트'로 알려져 있지만, 당시 왓슨과 레이너가 '앨버트 B'라 부른 어린 남자아기였다. 왓슨과 레이너는 앨버트에게 흰쥐, 토끼, 원숭이, 가면, 불타는 신문지 등 여러 자극제를 주며 관찰해보았다. 아기는 그 어떤 자극에도 무서워하지 않았다. 특히 흰쥐를 보면 좋아라 웃으며 다가가려고까지 했다.

왓슨은 앨버트에게 흰쥐에 대해 공포감을 심어주기로 마음 먹고, 흰쥐와 나쁜 자극을 연합하는 방법을 썼다. 파블로프의 고전적 조건반사 원리를 이용한 것이다. 즉, 앨버트가 흰쥐에 다가가려 할 때마다 왓슨과 레이너는 아기 바로 뒤에서 망치로 쇠파이프를 쳐서 무시무시한 굉음을 들려주었다. 당연히 아이는 깜짝 놀라 울기 시작했다. 그렇게 몇 번을 반복하고나니 앨버트는 흰쥐를 보자마자 소스라치게 놀라 울며 도망가기 시작했다. 급하게 기어서 도망가다 쓰러지기도 하고 하마터면 테이블에서 떨어질 뻔하기도 했다.

그런데 더욱 놀라운 일이 발생했다. 공포반응이 이제 흰쥐에만 국한되지 않았다. 앨버트는 흰쥐뿐 아니라 흰색 물건이나 흰색 털 달린 다른 동물들까지 흰색이라면 모두 무서워하게 되었다. 왓슨이 산타클로스 수염을 달거나 레이너가 흰색 모피코트를 입어도 그 모습에 무서워하며 울었다.

개를 무서워하는 사람들은 어린 앨버트처럼 조건반사가 형성되었을 가능성이 크다. 나도 개나 큰 동물들을 무서워한다. 어른이 되어서도 만지기는커녕 무서워서 멀찍이 떨어져 피한다. 나의 의식적인 뇌는 기억하지 못하지만, 아마도 아주 어렸을 때 개에 물렸거나 혼이 난 적이 있을지 모른다.

그런데 이러한 감정반응의 조건화도 정서기억에 관련된 편도체에서 일어난다. 나의 편도체는 개를 보자 과거의 아픈 기억을 떠올렸던 것이다. 우리의 삶은 정서기억에 저장되어 있다. 그러니 무엇을 두려워하는가 하는 내용은 우리 삶의 일부를 대변해준다고 할 수 있다.

우리가 두려워하는 것의 실체는 마음속의 생각에서 비롯되는 경우가 많다. '어둠에 대한 공포'를 생각해보자. 우리가 두려워하는 것은 어둠 그 자체가 아니다. 어둡고 컴컴한 곳에 있으면 우리는 보이지 않는 미지의 위험요인을 떠올리게 된다. 누군가가 어둠 속에서 뛰쳐나올 것 같다. 음산한 음악도 마찬가지다. 음악 속에 우리를 실제로 위협하는 무서운 요소가 들어 있는가? 아니라는 걸 잘 알지만 그럼에도 음산한 음악은 우리를 긴장하게 만든다.

그것은 어둠이나 음악이, 실제로는 존재하지 않는, 어떤 위험한 '생각'과 연관(조건화)되었기 때문이다.

그렇다면 누구에게나 존재하는 '보편적인 공포'가 있을까? 테러, 뱀, 죽음, 실패, 전쟁, 높은 곳, 범죄, 홀로 되는 것, 통증, 암. 한 갤럽 조사 결과 10대들이 흔히 두려워하는 항목들이라고 한다. 이것들은 10대뿐 아니라 어른에게도 여전히 두려움의 대상이다.

많은 사람들이 공통된 대상을 두려워한다. 인간은 자신에게 해악을 끼칠 수 있는 것들에 대해 두려움을 갖도록 유전적으로 전수받은 것일까? 아마도 그럴 것이라고 믿는다. 뱀을 한 번도 본 적이 없는 사람들도 뱀에 대한 공포를 갖고 있다고 한다. 우리 뇌에 뱀에 대한 공포가 이미 내장되어 있다는 뜻이다.

심리실험도 이를 뒷받침한다. 지금은 긍정심리학의 대가가 된 심리학자 마틴 셀리그만은 한때 학습된 무기력에 관한 실험으로 유명했다. 그는 실험 참가자들에게 특정 물건을 보여주고 전기자극을 가해 공포감을 학습하게 했다. 그런데 물건의 종류에 따라 공포가 형성되는 정도는 달랐다. 뱀이나 거미를 보았을 때는 전기자극 몇 번만으로도 심한 공포증이 생겼지만, 꽃이나 나무에 대해서는 훨씬 더 많은 전기자극이 연합되어야 했다.

'어린 앨버트 실험'은 심리학 교과서에 감초처럼 빠지지 않고 등장하는 매우 유명한 실험이지만, 윤리적 문제로 큰 비판을 받고 있다. 오늘날의 연구윤리 잣대라면 상상하기조차 힘든 실험이었다. 왓슨뿐 아니라 우리 모두 '어린 앨버트'에게 큰 빚을 진 것이다.

공포실험

무대에 올라가 발표나 강연, 공연을 하는 것은 무대의 크고 작음에 상관없이 언제나 두려운 일이다. 무대는 원형경기장과도 같다. 굶주린 사자가 나를 노려보고 있는 경기장에 홀로 서 있는 검투사가 바로 나다. 과연 나는 살아남을 수 있을까?

두려움이라는 감정에는 이중성이 있다. 두려워할 만한 두려움은 자연스러우며 이로운 감정이다. 발표나 공연에 대한 두려움, 무대에 오르기 전의 긴장은 정상적인 정서반응이다. 발표하기 전에 약간의 긴장과 두려움이 생기는 것은 오히려 발표에 집중할 수 있게 해주어 긍정적인 면도 있다.

하지만, 근거 없이 예민하게 반응하는 두려움은 해로울 수 있다. 대중 앞에서 입도 못 벌리는 정도의 지나친 두려움은 좋지 않다. 오랜 동안 반복적으로 과도한 두려움에 시달리면 몸과 마음이 황폐해지기 때문이다.

그렇다면 어떻게 두려움을 극복할 것인가?

어린 앨버트에 대한 공포실험이 수행된 지 80여 년이 지난 후, 로스앤젤레스 소재 캘리포니아주립대학의 마크 바라드(Mark Barad) 교수는 왓슨 교수와 같은 방법을 사용해 쥐를 대상으로 소음에 대한 공포를 실험했다.[36] 간단한 소음을 들려주고 쥐 우리 바닥에 전기충격을 반복했더니, 얼마 지나지 않아 쥐들은 소음만 들어도 서로 부둥켜안고 부들부들 떨었다. 고전적 조건반사를 통해 공포반응이 만들어진 것이다.

그리고 이어서 쥐들에게 형성된 공포를 소거하는 실험에 들어갔다. 이번에는 소음만 들려주고 전기충격은 가하지 않았다. 전기충격이 없는 소음을 여러 번 듣고 나더니, 쥐들은 소음에 대한 공포반응을 더 이상 보이지 않았다. 성공적으로 공포기억이 없어진 것이다.

조건반사에 의해 공포기억(소음이 들리면 전기충격이 온다)이 형성되는 곳은 편도체다. 그리고 공포소거기억(소음만 들리고 전기충격은 없다)이 형성되는 곳 또한 편도체다. 그런데 공포소거기억은 내측 전전두엽으로 옮겨가 저장된다. 결국 내측 전전두엽에 저장된 공포소거기억이 편도체로부터 촉발되는 공포기억을 억눌러 공포를 소거하는 것이다.

뱀에 대한 공포를 가진 사람에게 그 공포를 소거시켜보자. 처음에는 뱀에 대한 이야기만 나눈다. 다음 만남에선 뱀 사진을 보여주고, 그다음에는 장난감 뱀을 갖고 놀게 한다. 그런 다음에는 그 사람을 뱀

농장으로 데려간다. 처음에는 뱀으로부터 5미터 정도까지만 접근해 본다. 아무 일도 일어나지 않는다. 다음에는 3미터, 2미터 점점 가까이 다가가게 한다. 여전히 아무 일이 생기지 않는다. 다음으로 뱀에 손을 갖다 대 보도록 한다. 아무 일이 없다면 드디어 뱀을 만지게 된다.

이제 새로운 공포소거기억이 만들어졌으니, 그 사람에게 "거봐, 뱀은 널 해치지 않아"라고 말해준다. 그렇다고 그에게서 공포기억이 없어진 것은 아니다. 편도체에 저장된 뱀에 대한 공포기억은 고스란히 남아 있다. 다만, 그 공포기억을 무력화할 수 있는 새로운 기억이 형성된 것이다.

미국 시카고에서는 해마다 '공포실험(fear experiment)'이라는 프로그램이 열리고 있다. 춤, 스테핑 댄스, 아카펠라, 즉흥연극 등을 전혀 해보지 않은 사람들에게만 참가자격이 주어진다. 참가가 결정되면 일주일에 두 번, 총 석 달간 훈련에 들어간다. 정해진 훈련을 마치면 시카고 도심공원에서 많은 사람들이 지켜보는 가운데 공연을 펼친다. 소질과 경험은 없지만 자신의 꿈과 열정을 끄집어내어 공연이라는 형태로 대중에게 선보이는 것이다.

물론 참가자 대부분에게는 여전히 두려움과 공포의 순간일 것이다. 하지만 공연은 성공적으로 마무리되고, 프로그램에 따라 충실히 훈련에 임한 사람들은 결국 멋지게 공포감을 극복하는 체험을 하게 된다.

무대에 대한 공포를 없애려면 무대에 서야 하듯이, 두려워하는 대상을 피하지 말고 직면해야 한다. 두려움은 피하면 피할수록 더욱 우리의 발목을 잡을 것이다. 또 두려움을 억지로 물리치려고 하면 내

힘만 빠진다. 두려움에 굴복하지 말되 이기려고도 하지 말자. 두려움을 끌어안고, 두려움의 에너지를 긍정적인 에너지로 변화시키자.

두려움 대면하기

무엇이든 처음 할 때 두려움은 크다. 미지의 세계는 언제나 두렵다. 그러나 한번 가보면 익숙해지면서 두려움은 감소한다. 전공의 때 신경과학회에서 처음으로 구연 발표하던 때가 떠오른다. 강의하는 걸 좋아하는 나도 그때는 얼마나 긴장했던지. 두렵더라도 피하지 말고 일단 부딪쳐보자.

두렵더라도 해야 하는 일이라면 그만큼 가치 있는 일일 가능성이 많다. TV를 보거나, 맛있는 음식을 먹거나, 영화를 보는 일은 무섭지 않다. 그냥 편하고 즐거운 일이다. 그렇다고 인생을 바꾸는 일들도 아니다. 반면에 낯선 나라를 장기간 방문하거나 외국으로 유학 가는 일은 두렵다. 이런 일들은 인생을 바꿀 만하며 더 나은 삶으로 이끌 가능성이 있다. 평생 기억에 남을 일들이다.

큰 변화를 시도하는 일은 언제나 두렵다. 사람들이 자신이 원치 않는 관계나 직업을 유지하고서라도 그 자리에 머물려고 하는 것도 그래서이다. 그래도 변화가 클수록 위험도 크지만 보상도 그만큼 크다는 점을 기억하자.

두려움에 사로잡히게 되면 '난 할 수 없어'라는 생각에 지배된

138

다. 미래를 항상 최악의 시나리오로만 그린다. 그 가정에 사로잡히면 우리는 자신에게 한계를 긋고 만다. 실제로 장래에 어떤 일이 일어날지 확실히 아는 사람은 없다. 또 막상 그런 일이 일어난다 해도 대부분 그렇게 나쁘지만은 않다. 설령 나쁜 결과가 초래되더라도 대개는 그 상황을 헤쳐나갈 방법을 찾을 수 있다.

한쪽 문이 닫히면 다른 문이 열리게 마련이다. 혼자서만 고민하지 말고, 비슷한 경험을 가진 주변 사람에게 도움을 청해보는 것도 좋다. 그런 과정을 통해서 우리의 마음가짐도 '난 할 수 없어'에서 '해볼 만해'로 바뀌게 된다. 두려움에도 불구하고 우리 자신은 조금씩 앞으로 나아가는 것이다.

지난 세월 동안 가장 두려웠던 순간을 떠올려보자. 그게 그렇게 위험한 일이었는지 되새겨보자. 막상 지나고 보니 그리 두려운 일이 아니었던 경우가 많다. 나는 첫 해외연수를 가기 전에 많은 두려움을 가졌었다. 또 나이 마흔이 넘어서 우리 과 송년회 경연대회에 나가기 위해 춤 연습을 했던 때가 기억난다. 무대에 나가기 직전, 내 평생 그렇게 긴장했던 적은 없었던 것 같다. 첫 책을 세상에 내놓을 때도 기쁨보다 두려움이 훨씬 컸다. 내가 무슨 영광을 보려고 굳이 안 해도 될 일을 자초하는가 하는 생각이 나를 사로잡곤 했다.

그러나 그렇게 행복하게 몰입했던 순간들도 없었다. 무언가 새로운 일을 시도할 때 두려움은 최고조에 이른다. 돌이켜보면 그때 공연히 부질없는 두려움을 가졌던 것 같아 피식 웃음이 나온다. 새로운 일은 생각보다 위험하지 않다.

위험성이 너무 크다고 판단해서 그 일을 하지 않기로 했다면 그건 괜찮은 판단이다. 그러나 단지 너무 두려워서 그 일을 하지 않기로 했다면, 그 결정은 내가 내린 것이 아니라 두려움이 나를 조종해서 내린 것이다. 두려움을 가지는 것은 부끄러워할 일이 아니다. 위험하고 대담한 일을 하는 사람들도 모두 두려움을 느낀다. 다만, 그들은 두려움을 다스릴 줄 아는 방법을 터득했을 뿐이다. 자신들이 하고 싶은 일을 두려움이 방해하게 내버려두지 않을 뿐이다.

두려움은 지극히 자연스러운 감정이다. 두려움을 인정하고 마주보고 앉자. 그러면 두려움은 나를 어디론가 이끌 것이다. 내 마음속 두려움이 속삭이는 소리를 듣게 된다.

내가 진정 두려워하는 것이 무엇인가? 실패에 대한 두려움인가? 타인의 비판이 두려운가? 인정받지 못할까 봐 두려운가? 두려움과 진지하게 대화를 하다 보면 배울 수 있는 것이 많다.

나를 얽매고 있는 두려움을 극복하고 싶은가? 그런 열망이 있는가? 그렇다면 스스로 작은 '공포실험'을 해보자. 하고 싶었지만 두려움 때문에 미루고 있었던 일들을 시도해보자. 평소에 무대 공포증이 있는 사람이라면 일부러 송년회 장기자랑과 같은 공포 순간을 만들어 체험해보는 것도 좋은 방법이다. 혹시 장기자랑에서 조금 실수한다고 무슨 큰일이야 있겠는가. 사람들은 남의 일에 그렇게 신경 쓰지 않는다.

일상의 작은 공포로
면역력을 키워라

공포를 즐기는 사람들

그런데 공포는 부정적인 감정만 유발하는 것은 아니다. 인간은 공포스러운 경험을 찾아 나서는 유일한 동물이다. 우리는 롤러코스터를 타고, 번지점프에 몸을 날리고, 호러영화를 본다. 심지어 그런 활동을 하는 데 적지 않은 돈을 쓰기까지 한다. 우리는 왜 애써 공포감을 즐기는 걸까?

물론 무서운 상황을 즐기려면 안전이 보장되어야 한다. 스스로 찾아서 즐기는 공포에서 유발되는 흥분은 섹스로 인한 흥분과 다르지 않다. 아드레날린도 같은 아드레날린이다. 새로운 경험은 뇌를 자극하고 흥분시킨다. 공포 자체가 재미있다기보다(공포 자체가 두려운 것이 아니듯이), 공포가 유발하는 흥분을 경험하는 것이 재미있는 것이다. 한데 무서운 자극도 같은 수준에서 되풀이되면 익숙해져서 공포감이 줄어들고 재미도 함께 감소하게 된다. 그러면 아드레날린에 중독된 사람처럼 더 강한 스릴을 찾아 나서게 된다.

어떤 이들은 자칫 잘못하면 목숨을 잃을 수도 있는 위험천만한 스포츠에 몸을 맡기기도 한다. 공포를 즐기는 극한적 활동이 익스트림 스포츠라 할 수 있다. 익스트림 스포츠를 좁은 의미로 정의하자면, 자칫 한순간의 실수나 부주의로 죽음에까지 이를 수 있는 스포츠를 말한다. 진화적 관점에서 보자면, 뚜렷한 목적이나 이득도 없이 죽음에 이르게 할 수도 있는 위험을 감수한다는 것은 비이성적인 행동이다.

우리는 생존 가능성을 높이는 행위를 하도록 프로그래밍되었다. 이에 어긋나는 행위는 위험으로부터 스스로를 보호하려는 인간 본성과 위배된다.

프로이트의 무의식이론에 영향을 받은 심리학자들은, 극심한 위험을 감수하는 사람들을 죽음에 대한 무의식적 동경을 가진 사람들로 여긴다. 또 익스트림 스포츠를 도박이나 난폭운전, 약물남용과 비슷하게 취급하기도 했다. 다시 말해, 헤로인 중독자들과 같은 선상에 놓고 보는 것이다. 다만 중독대상이 헤로인이 아닌 것일 뿐.

익스트림 스포츠맨들은 일반인들과는 어떻게 다를까? 혹시 그들은 일반인들에 비해 두려움을 덜 느끼거나 아예 느끼지 못하는 것은 아닐까? 익스트림 스포츠맨들을 심층 인터뷰한 연구는 그들에 대한 상식적 견해를 완전히 뒤집었다.[37]

익스트림 스포츠맨들은 일반인과 마찬가지로 공포를 느낀다. 단순히 그냥 느낄 뿐 아니라 공포감을 아주 중요한 감정으로 생각한다. 두려움은 그들에게 더 강한 집중과 몰입을 하게 해주므로, 자신들의 삶을 활기 있게 해주는 건강하고 필수적인 감정이라는 것이다. 두려움을 수동적으로 받아들이기만 하는 감정이 아니라 적극적으로 직면하고 만끽하고 극복해야 하는 감정으로 여긴다.

일반인은 위험에 처하면 통제불능이 되지만, 그들은 위험한 상황을 통제하는 기술과 능력을 갖추고 있다. 그들은 가능한 모든 시나리오에 대해 철저히 대비를 한다. 한 발자국 한 발자국 내딛는 것도 수년간 훈련한 결과물이다.

그들은 다쳐도 좋다고 생각해서 기꺼이 그런 위험을 감수하는 것이 아니다. 그들은 대체로 일반인보다 자존감도 현실감각도 높았다. 여러 연구들에 의하면, 규칙적으로 위험을 감수하는 이들은 불안증과 신경증의 정도가 일반인들에 비해 낮았다. 그들은 죽음을 동경하는 것이 아니다. 오히려 누구보다도 삶을 동경한다고 보는 편이 정확할 것이다.

또한 그들은 익스트림 스포츠에서 경험하는 두려움이 자신의 삶까지 변화시켰다고 말한다. 강렬한 두려움을 경험하고 극복하면서 삶의 태도가 더 긍정적으로 변하였고 일상의 시련들에 대해서도 더 잘 대응하게 되었다고 말한다.

두려움을 극복하면서 새로운 힘을 얻고 마음의 평온함을 얻는다고 한다. 하늘을 나는 일은, 벼랑 끝에 서서도 벌벌 떨지 않고 기꺼이 삶 속으로 뛰어드는 것과 같다고 말한다. 위험이 최고조에 다다르는 그 순간에는 자연과 하나가 되는 느낌이 드는데, 마치 바람에 나부끼는 낙엽처럼 자신이 한없이 연약하지만 그와 동시에 자연의 일부가 되는 느낌을 가진다고 한다. 자신도 언젠가는 죽을 수밖에 없다는 것을, 자신이 너무나 나약한 존재라는 것을, 티끌과도 같은 존재라는 사실을 받아들이게 된다. 자연과의 교감을 통해 비로소 자신을 더 잘 이해하게 되는 것이다.

그렇다면 그들의 뇌는 우리와 어떻게 다를까?

익스트림 경험을 할 때 뇌 변연계에서 도파민이 분비된다. 도파민은 쾌감과 행복감을 일으키며 보상과 동기부여에도 중요한 역할을 한다. 도파민 수치가 높으면 만족감 혹은 평안함(wellbeing)을 느낀다. 두려움을 극복하면 여러 긍정적인 감정이 나오는 것도 이 때문이다.

심각한 질병이나 사고를 겪고 구사일생으로 살아났을 때 느끼는 감정도 이와 비슷하지 않을까? 죽음의 문턱에서 살아나온 사람들이 그 후에 삶이 바뀌었다고 말하는 경우를 종종 본다. 이런 경우에는 트라우마가 오히려 개인을 성장시키고 하루하루의 삶에 감사하게 만들기도 한다.

작은 모험 시도해보기

요즘 부모들은 아이의 생활에서 위험을 없애주는 데 많은 신경을 쓰고 산다. 자기 아이에게 방해가 되는 요소라면 작은 가시 하나라도 용인할 수 없다는 듯 지나치게 감싸고 도는 모습들을 보면, 아이들이 마치 사육되는 동물 같다는 생각이 들 정도다.

필자가 어린 시절만 해도 방과 후에는 밖에서 친구들과 실컷 놀다가 저녁에 밥 먹을 때나 되어서야 집에 들어왔는데, 이는 까마득한 옛말이 되었다. 물론 요즘같이 아동을 대상으로 한 이런저런 범죄가 많은 세상에서는 충분히 이해가 간다. 하지만 사람들에게는 누구나 어느 정도의 방치와 자유가 필요하다. 한창 자라는 아이들이라면 두말할 나위도 없다.

아이들은 제 수준에 맞는 위험과 대결하며 시행착오를 통해 성장한다. 그런데 부모들은 그저 자녀들에게 '이것도 하지 마라, 저것도 하지 마라'는 주문만 하고 있지는 않은지. 과연 그것이 진정 아이를 위해서인지, 아니면 부모의 불안을 덜기 위해서인지 한 번쯤 깊이 생각해 볼 필요가 있다.

위험을 감수하는 사람들은 정상 궤도에서 벗어난 이상한 사람들이 아니다. 오히려 안락한 생활에 털썩 주저앉아 있는 사람들이 비정상적인 사람들이다. 우리 삶에서 위험요소를 모두 없앤다면 우리는 자신의 나약함을 알지 못할 것이고, 동시에 그 나약함을 극복할 잠재력도 발견하지 못할 것이다. 우리의 삶은 고인 물이나 다름없게 된다. 능력을 발전시키고 인격적으로 성숙할 기회도 그만큼 줄어든다.

조금쯤 위험하더라도 일상에서 작은 모험을 시도해보자. 꼭 하고 싶었지만 두려워서 미루기만 했던 일을 시작해보자. 혹은 그동안 위험하다고 피하기만 했던 조금쯤 과격한 운동에 도전해보자. 작은 모험, 새로운 시도를 통해 긴장과 '몰입'을 경험해보자.

두려움은 우리로 하여금 지금 이 순간에 최대한 집중하도록 한다. 자신의 행위에 온전히 몰입하게 한다. 모험이 끝나고 나면 뇌에서는 도파민 분비가 급등하고 쾌감이 쏟아진다. 만약 그 상황에서 위험과 두려움이 전혀 없었다면 그같은 감정을 느끼지 못할 것이다.

때로는 미친 척하고 용기를 내보자. 물론 만약을 위한 대비와 전문가의 조언은 필수적이다.

공포의 순간에는 '무서워'라는 말에 브레이크를 걸어라

두려움은 용기의 형제

새로운 미지의 세계를 대할 때 두려움이 앞을 가로막는다. 그런데 우리가 원하는 것은 두려움이라는 강 건너편에 있다. 그곳에 도달하기 위해서는 용기라는 다리가 필요하다. 넬슨 만델라는 말했다.

"용기는 두려움이 없는 것이 아니다. 두려움을 극복하고 승리하는 것이 용기다. 용기 있는 자는 두려움을 느끼지 않는 사람이 아니라, 두려움을 정복하는 사람이다."

두려움이 있어야 용기도 있다. 용기는, 두려운데도 어쨌든 해야 할 일을 하는 것이다. 우리에게 정녕 필요한 것은, 두렵더라도 잠깐 미친 척하고 용기를 내보는 것이다. 두렵지 않다면 용기도 있을 수 없다.

용기를 갖고 시도했으나 실패하기도 한다. 다시 일어나 시도해 보지만 또 실패다. 그러나 그건 실패가 아니다. 진짜 실패는 내가 더 이상 시도하기를 멈추는 것이다. 용기는 그 자체로 의미가 있다. 용기를 갖고 의미 있는 일을 했다면, 결과가 성공적이든 실패로 끝나든 무슨 상관이 있겠는가? 용기 있는 행동에는 후회가 따르지 않는다.

　미국 인디언 원주민들에게서 전해오는 이야기가 있다. 같은 옷을 입은 두 형제가 있다. 그 둘은 여러모로 매우 다르지만, 너무나 긴밀해서 떼려야 떼어놓을 수 없는 관계다. '두려움'이라는 이름의 형은 잘 보이지도 않고 어디로 튈지도 모른다. 그는 너무나 빨라서 어느새 미래에 가 있기도 하고 과거에 살기도 한다. '용기'라는 이름의 동생은 두려움이 없으면 나타나지 않는다. 용기는 천천히 움직이고, 빛을 발하려면 훨씬 더 큰 힘이 필요하다.

　누군가 두려움과 절망감에 휩싸여 힘들어할 때, 조용히 그를 찾아오는 것이 두려움의 형제인 용기다. 그가 두려움에 빠져 있다면, 조만간 용기의 존재도 발견하게 된다. 그러면 용기는 그에게 다가가, 그의 몸을 칭칭 감고 있는 두려움의 실타래를 풀어준다. 그 두 형제는 서로 상대가 없이는 홀로 존재할 수 없다는 것을 안다. 상대의 가치와 아름다움을 서로 인정해준다.

　두려움이 나의 마음을 사로잡고 있을 때, 용기는 그 뒤에 천천히 따라오는 형제다. 용기는 두려움을 필요로 한다. 혹시 두려움은 용기를 불러내기 위해서 존재하는 것이 아닐까? 용기는 위대하다. 그러나 용기는, 두려움 없이는 존재할 수 없다.

어느 날 불쑥 당신에게 두려움이 찾아온다면, 그와 함께 조용히 앉아서 기다리자. 그의 형제인 용기가 찾아올 때까지…….

용기의 뇌

용기는 뇌의 어느 부분에서 비롯되는 것일까? 이스라엘 연구진들이 재미있는 실험을 했다.[38]

먼저 설문을 통해 뱀 공포 상위 20%에 드는 실험 참가자들과, 뱀을 자주 다루어서 뱀 공포가 전혀 없는 실험 참가자들을 모집했다. 그런 다음 실험 참가자들을 MRI 장치 안에 눕혔다. 머리는 새장 같은 둥근 틀에 고정되고 몸도 움직이지 못한다. 그들의 머리맡에는 실제 살아 있는 뱀과 인형 곰이 각각 들어 있는 상자를 두었다. 머리 위 작은 거울을 통해 1.5미터 정도 되는 뱀의 번쩍거리는 눈빛이 보인다.

실험 참가자들에게는 살아 있는 뱀이나 인형 곰을 가능한 한 자신의 머리에 가까이 가져가라고 주문했다. MRI 촬영실 안에는 아무도 도와줄 사람이 없다. 피험자 홀로 뱀을 마주해야 했다. 실험 참가자들은 두 개의 단추 중 하나를 누를 수 있다. 뱀의 '전진' 단추를 누르면 뱀이 자신의 머리 쪽으로 한 단계 더 가까이 다가온다. '후퇴' 단추는 뱀이나 곰을 한 단계 멀어지게 한다. 한 단계씩 다가오게 하거나 멀어지게 할 때마다 실험 참가자는 그들의 공포 수준을 점수로 매겼다. 선택은 둘 중 하나뿐이다. '전진' 또는 '후퇴'.

아무도 곰 인형을 두려워하지 않았다(당연한 결과다). 곰 인형에게는 언제나 '다가오라'는 단추를 눌렀다. 뱀 공포가 없는 피험자들은 뱀도 곰 인형처럼 다루었다. 반면에 뱀 공포증이 있는 피험자들은 뱀에게 '멀어지라'는 단추를 주로 눌렀다. 하지만 그중 일부는 가끔씩 뱀에게 '다가오라'는 단추를 누르기도 했다.

뱀 공포증이 있는 피험자가 뱀을 다가오게 했을 때 활성화되는 뇌영역이 있었다. 그곳은 바로 전대상회의 일부(subgenual anterior cingulate cortex)였다. 이때 실험 참가자들은 공포점수도 높게 매겼다. 즉, 이들은 뱀에 대한 두려움을 느끼면서도 용기를 내어 전진 단추를 누른 것이다.

그렇다면 공포를 극복하고 뱀을 가까이 오게 만든 힘의 원천은 어디에 있을까. 그것은 전대상회에 있다고 볼 수 있다. 두려움에 굴복하여 뱀을 멀리 보냈을 때 이 영역의 활동은 떨어졌다. 또한 공포에 굴복할 때 활성화된 곳은 바로 편도체였다. 정리하자면, 용기를 내어 뱀을 다가오게 했을 때 전대상회의 강한 활동이 편도체를 조용히 잠재운 것이다.

공포감은 두 가지 방식으로 표현된다. '무서워'라고 말로 표현하는 것이 하나요, '진땀을 흘리며' 몸이 스스로 표현하는 것이 다른 하나다. 피부전도반응검사는 생리적 반응을 측정하여 피험자의 몸이 말하는 공포를 측정해준다. 일반적으로 공포 정도가 높을수록 피부전도반응도 크다. 그런데 뱀을 가까이 오게 했을 때 '말하는' 공포 정도는 높았지만 피부전도반응이 낮은 경우가 있었다. 피험자는 두려움을 느꼈다고 말을 하는데 왜 몸은 다르게 반응했을까?

두렵다는 말과 두려움에 떠는 신체반응이 늘 함께 가지는 않는다. 등에서는 식은땀이 줄줄 흐르는데, 무섭지 않다고 말하는 사람이 있다. 또 겁에 질렸다고 말을 하는데 땀은 전혀 흘리지 않을 수도 있다. 흥미로운 점은, 이렇게 말과 몸이 서로 불일치할 때 오히려 용기 있게 행동할 가능성이 있다고 한다. 무섭다고 말하면서 식은땀까지 흘리고 있다면 두려움에 굴복할 가능성이 크다.

용기 있는 행동을 하기 위해서는 두려움을 제어하는 브레이크가 두 개 있는 것 같다. 언어와 몸의 표현 중 하나라도 브레이크를 걸 수 있다면 용기 있는 행동을 실천할 가능성이 높아진다. 하지만 몸의 표현에 브레이크를 걸기란 쉽지 않다. 나도 모르게 식은땀이 줄줄 흐르는 건 어쩔 수 없는 일 아닌가.

그렇다면 말의 표현에 제동을 걸어보는 것은 어떨까? 그건 조금 쉬울 것 같다. 두려움과 공포를 느끼는 상황에 처할 때, '무서워'라는 말에 브레이크를 걸어보자. 습관적으로 내뱉던 '무섭다'는 말을 줄이기만 해도, 우리는 그만큼 용기 있는 사람으로 변할 수 있다. 이 열쇠가 바로 전대상회에 있는 것이다.

앙스트 블뤼테

최후의 로마 철학자이자 최초의 스콜라 신학자이기도 한 보에티우스(480~524)는 유명한 원로원 가문의 후예로서 정치가의 길을 걸

151

기도 했다. 집정관의 위치까지 올랐으나 종교적인 논쟁에서 패하면서, 자신이 인정할 수 없는 죄목으로 정식 재판도 없이 사형선고를 받고 감옥에 갇힌다. 보에티우스가 처한 상황은 절박하기 그지없다. 그는 죽음에 대한 두려움과 공포, 불의에 대한 분노에 휩싸인 채 절망에 빠져 있었을 것이다.

이때 보에티우스는 상심한 마음을 위로하기 위해 '철학의 여신'과 대화를 시도하며 치유의 길을 모색한다. 당장 오늘 죽을지도 모르는 절박한 상황에서 그는 하루하루 책을 집필했다. 그 책이 바로 『철학의 위안』이다. 철학적 대화라는 방법을 통해서 보에티우스는 새로운 깨달음을 얻게 된다. 그 깨달음은 단순한 지적 터득에 머무는 것은 아니었다. 그를 절망으로부터 건져주고 상처 받은 마음을 위로하는 치유의 길로 이끌어 주었다.

청각은 음악가에게 생명과도 같다. 잘 알려진 대로 베토벤은 청각장애를 앓고 살았다. 그는 자신의 청각이 서서히 마비되어갈 때, 영원히 들을 수 없을지도 모르는 두려움 속에서 유서까지 쓴다. 하지만 베토벤은 청각이 마비되고 나서도 〈운명교향곡〉, 〈전원교향곡〉, 〈합창교향곡〉 등의 더 많은 걸작을 남겼다. 그가 악성으로 불리는 이유다.

전나무는 환경이 열악해져 죽을 것을 예감하면, 유난히 화려하고 풍성하게 꽃을 피운다. 절체절명의 위기를 감지하는 순간 생애 가장 아름다운 꽃을 피우는 생명체는 전나무뿐만은 아니다. 대나무는 일반적으로 뿌리로 번식하므로 꽃을 피우지 않지만, 뿌리 번식이 더 이상 불가능해지는 경우에는 혼신의 힘을 다해 마지막으로 단 한 번의 꽃을 피워 종자를 맺는다. 이러한 현상을 가리키는 생물학 용어가 '앙스트 블뤼테'이다. 불안이나 두려움을 뜻하는 앙스트(angst)와, 개화·만발·전성기를 의미하는 블뤼테(blute)의 독일어 합성어다. '불안 속에 피어난 꽃'으로 해석될 수도 있겠다.

죽음을 앞둔 처절한 상황에서 생애 마지막 에너지를 총동원하여 생명체가 살아 있음을 보여주는 힘이 앙스트 블뤼테다. 최고조의 두려움이 최상의 에너지를 쏟아낼 수 있게 하는 원동력이 된다. 최악의 시기가 오히려 최고의 시기가 되는 것이다. 앙스트가 없다면 블뤼테도 없다.

살아가면서 굳이 곤경을 택할 필요는 없을지도 모른다. 하지만 두려움의 순간에 어떤 자세를 취하느냐에 따라 그 사람의 인생이 달라진다. 두려움이나 공포 혹은 불안에 대한 평소의 대응습관을 바꿈으로써 인생을 바꿀 수도 있다.

5장

미움은 나를 발전시키는 원동력이 된다

Craughing : crying + laughing

혐오의 감정으로
몸의 건강을 지켜라

역겨움을 잊은 사람들

50대 여성인 L씨가 진료실을 찾았다. L씨는 2년 전 겨울, 치사율이 매우 높은 지주막하출혈로 갑자기 쓰러져 뇌수술을 받았다. 수술 후 보름이 지나서야 겨우 의식을 회복했다고 하니, 당시 상황이 얼마나 심각했는지 짐작할 수 있었다.

다행히 현재 L씨는 의사소통이 자유롭고 보행과 근력도 정상이어서 별 문제가 없어 보였다. 그런데 듣고 보니 남모를 심각한 장애가 있었다. 그녀는 뇌출혈 이후 미각과 후각을 상실했다. 맛을 못 느끼는 것보다 더 큰 문제는 배고픔과 배부름을 잊었다는 것이다. 안 먹어도 배가 고프지 않고, 끼니 때가 되어 억지로 먹어도 배가 부르지 않단다.

배고픔을 모르니 식사하는 걸 잊어 하루 종일 아무것도 먹지 않은 날도 있다고 했다.

짐작 가는 바가 있어 그녀에게 혹시 역겨움을 느낄 수 있느냐고 물어보았다. 예상대로였다. 그녀는 밤이나 귤도 껍질째 먹을 수 있고, 고추냉이(와사비)도 푹 떠서 먹을 수 있고, 홍어회의 암모니아 냄새도 이젠 아무렇지 않다고 했다. 화장실에서 남의 배설물을 보아도, 악취 나는 음식물 쓰레기 더미를 보아도, 토사물을 보아도 역겨운 느낌이 없다고 했다. 그녀는 혐오감을 잊은 것이다.

영국에도 비슷한 환자가 있었다.[39] NK라고 불리는 스물다섯 살의 이 청년도 뇌졸중을 앓은 후 혐오감을 느끼지 못하게 되었다. NK의 지적 수준, 시력, 청력 등은 모두 정상이었다. 청년은 타인의 얼굴에서 혐오감을 알아차리지 못했다. 또 구역질 소리도 그 의미를 이해하지 못했다.

연구진은 청년에게 역겨움을 유발할 만한 여러 이야기를 들려주었다. 교통사고 현장에서 다친 사람의 복부에서 내장이 튀어나왔다든지, 친한 친구가 알고 보니 속옷을 일주일에 한 번 갈아입는다든지 하는 이야기에도 그는 그다지 힘들어하지 않았다. 심지어 똥 모양의 초콜릿을 먹어보라고 해도 역겨워하지 않았다.

L씨와 NK가 다친 뇌는 어디일까?

뇌의 혐오센터

혐오감을 인식하는 뇌는 어디일까? 지금까지 살펴본 여러 감정들, 특히 분노와 공포와 같은 부정적인 감정들을 처리하는 곳은 편도체였다. 혐오도 마찬가지일까?

실험 참가자들에게 혐오와 공포를 유발하는 자극들을 각각 보여주며 기능적 자기공명영상을 촬영하였다.[40] 또한 참가자들에게 각 사진의 혐오와 공포 정도를 점수로 매기게 했다.

혐오감을 느낄 때 뇌에서는 편도체가 아닌 도피질(insula)이 흥분했다. 도피질의 활동은 참가자가 매긴 혐오 점수와도 비례했다. 앞서 L씨와 NK가 다친 뇌도 바로 도피질이었다. 특히 L씨는 양쪽 도피질이 모두 손상됐다.

다른 부정적인 감정들은 편도체에서 처리되는데, 왜 혐오는 도피질에서 기인하는 것일까? 도피질의 기능을 열거할라치면 100가지도 족히 넘을 것이다. 도피질은 맛이나 냄새 그리고 내장기능과 깊은 관련이 있다. 도피질은 영장류에게서 좋은 맛과 불쾌한 맛 모두에 반응하는 뇌영역이다. 도피질은 뇌의 겉질의 일부로, 인류의 진화과정에서 감정의 뇌인 안쪽 뇌(변연계)보다는 더 최근에 발달된 곳이다. (더 최근이라고 해봐야 수십만 년 전이지만.) 그래서인지 분노나 공포자극을 눈 깜짝할 사이에 받아들이는 변연계와 달리, 도피질은 조금 느리게 혐오를 인지한다.

맛을 느끼는 뇌와 혐오를 느끼는 뇌가 동일하다니, 이제 혐오스러운 것을 보면 왜 구역질이 나는지 이해가 된다. 역겹다의 역은 '거꾸로 역'이다. 먹은 것이 거꾸로 올라온다는 뜻일 테다.

과소평가된 감정, 혐오

곰팡이가 핀 썩은 음식물, 공공화장실에서 먼저 쓴 사람이 제대로 처리하지 않은 배설물. '윽' 하며 절로 구역질이 나온다. 나도 모르게 미간과 콧등이 찡그려지고 입술이 일그러진다. 이때 나의 표정과 감정은 '혐오'와 '역겨움'이다.

혐오(disgust)는 라틴어의 'bad taste'로부터 유래된 말이다. 혐오의 사전적 의미는, 불쾌하고 역겨운 대상에 의해 유발되는 심한 반감이다. 그 대상은 주로 맛·냄새·시각·촉각들이지만, 경우에 따라 청각적인 것도 될 수 있다. 한마디로 오감을 자극하는 것이 모두 혐오의 대상이다.

혐오와 역겨움은 결코 유쾌한 감정이 아니다. 혐오도 분노나 두려움처럼 부정적인 감정으로 여겨져 왔다. 게다가 그동안 제대로 연구가 되지 않은 감정이기도 하다. 기쁨과 슬픔, 분노, 두려움의 네 가지 감정은 서양에서는 물론 동아시아에서도 정서의 기본으로 많은 연구자들이 주목하였으나, 불쌍한 '혐오'는 구석에 웅크리고 있어 제대로 관심을 받지 못했다.

우리의 주변은 건강에 해를 끼칠 수 있는 것들로 가득 차 있다. 부패한 음식, 배설물, 똥, 토사물, 고름, 침, 죽은 동물들…… 그 안에는 눈에 보이지 않는 세균들이 득실거린다. 그런 위험한 것들을 자동적으로 멀리하도록 우리 유전자에 각인된 감정이 바로 혐오다.

혐오 감정은 우리 뇌에 내장되어 있지만, 서너 살이 되어서야 느끼기 시작한다고 한다. 그래서인지 어린아이들은 똥을 역겨워하기는커녕 사랑한다. 똥 이야기만 나오면 자지러진다. 똥을 누고 변기 물을 내리지 않는 아이도 있다. (이를 자신의 흔적을 남기고 싶어하는 욕구로 풀이하기도 한다.)

어른과 아이를 대상으로 죽은 바퀴벌레가 든 주스 마시기 실험을 했다.[41] 어른들은 바퀴벌레를 제거한 뒤에도 대부분 주스 마시기를 꺼렸다. 주스는 이미 바퀴벌레에 오염되었다고 보기 때문이다. 반면에 아이는 이에 대한 감각이 부족하여 바퀴벌레가 든 주스도 가끔 마신다고 한다. 요강에서 따른 주스를 마시라고 해도 결과는 마찬가지였다.

이렇게 보면 혐오는 후천적으로 다듬어지는 경향이 크다고 할 수 있다. 어렸을 때는 불결한 것들을 쉽게 입에 가져가지만, 차차 어떤 음식이 비위생적이고 위험한지 배워나가는 것이다.

혐오는 질병을 피하려는 동기에서 진화된 감정이다. 우리에게 혐오라는 감정이 없다면 썩은 음식물이나 벌레, 똥을 아무 거리낌없이 만지고 먹을 것이다. 혐오는 결코 유쾌한 감정이 아니지만, 분노나 두려움만큼 인간의 생존에 꼭 필요한 감정이다. 인간을 질병으로부터 안전하게 보호하기 위해 선천적으로 만들어진 장치인 셈이다.

닿기도 싫은 사람과 악수부터 하라

혐오의 진화

인간에게 혐오감이 발생한 원래 목적은 세균으로부터 우리를 보호하려는 것이었지만, 지금은 그 이상의 의미를 가지는 복잡한 감정이 되었다. 원시시대에 음식을 먹는 기관에 불과했던 입이 점차 말하는 기능까지 포괄하는 복잡한 기관으로 진화한 것과 마찬가지로, 혐오의 존재 이유도 일차원적 생존반응에서 복합적인 사회적 반응으로 진화했다.

잘 의식하지 못하지만 혐오는 현대인의 인간관계에 매우 큰 영향을 미친다. 타인과 얼마나 가까이 있을지, 누구 옆에 앉을지, 누구와 악수를 할지, 누구와 사귈지, 또 누구를 피해야 할지를 결정하는 데 혐오가 깊이 관여한다.

만약 누군가가 내게 얼굴을 바짝 갖다 대고 침을 튀겨가며 말을 한다면 나도 모르게 움찔하며 뒤로 물러설 것이다. 동료가 화장실에서 볼일을 보고 나서 손도 씻지 않고 나가는 걸 보았다면 나는 그와 다시는 악수하고 싶지 않을 것이다. 그 사람이 만진 곳도 피하고 싶어진다.

혐오라는 감정에서 흥미로운 점 중 하나는, 역겨운 대상의 전염성이다. 역겨운 것이 깨끗한 것에 닿으면 깨끗했던 것도 역겨운 것이 되어버린다. 그러나 그 반대는 성립하지 않는다. 역겨운 것은 역겨운 그대로 남는다. 화장실에서 손을 씻지 않고 나가는 동료가 만진 문 손잡이를 만지고 싶지 않은 것도 이 때문이다.

혐오는 성적(sexual) 관계에서도 중요한 역할을 하는데, 보통 여성들이 남성보다 혐오감을 더 잘 느낀다고 한다. 참을 수 없는 입 냄새, 비어져 나온 코털, 풀어헤친 벨트, 식당에서 물수건으로 얼굴과 목, 머리까지 닦는 행동, 식사 도중에 코를 푸는 행동, 물을 마시기만 하면 '가르르르' 가글하는 습관, 어깨 위의 비듬, 치아 사이에 낀 음식물······ 이성을 멀리하게 만드는 데 이보다 효과적인 것들은 없다.

또한 혐오는 도덕적 의사결정에도 영향을 미친다. 사회적으로 명망 있고 존경받던 인사가 부정부패를 저질렀다는 소식을 접하면 도덕적 혐오를 느낀다. 특히 그 사람의 평소 이미지가 고결했을 때 혐오감은 더 심해진다.

두 사람씩 짝을 지어 100달러를 나눠 가지는 게임을 하게 했다.

첫 번째 사람이 100달러를 어떻게 나눌지 결정하고, 두 번째 사람은 그 제안을 받아들일지 말지 결정할 수 있다. 만약 두 번째 사람이 첫 번째 사람의 제안을 받아들이면 둘은 각각 그 돈을 갖게 되지만, 제안을 거절하면 둘 다 한 푼도 가지지 못한다.

첫 번째 사람이 각자 50달러씩 나누자고 하면 두 번째 사람은 대부분 제안을 수락할 것이다. 그런데 첫 번째 사람이 55:45로 나누자고 하면? 또는 60:40, 심지어 70:30으로 나누자고 하면 두 번째 사람은 어떻게 하겠는가? 100:0이 아니라면 그 어떤 경우에도 두 번째 사람은 돈을 조금이라도 가지게 되니까 제안을 받아들이는 쪽이 유리하다. 결과는 어땠을까?

두 번째 사람이 받을 액수가 43달러 이하일 때 그 제안은 대부분 거절당했다. 그리고 그때 두 번째 사람의 뇌에서는 혐오센터인 도피질이 뚜렷하게 흥분되었다.[42] 43달러는 공짜로 받을 수 있음에도 불구하고 첫 번째 사람이 57달러를 가지기 때문에 제안을 거절한 것이다. 첫 번째 사람의 행동이 아니꼬웠던 것이다.

혐오와 공감 사이

사람마다 혐오의 민감성은 다르다. 식탁에서 코를 푸는 행위, 찌개나 팥빙수를 가운데 놓고 같이 떠먹는 일, 술자리에서 잔을 돌리는 일…… 누구에게는 역겨운 일이지만 누구에게는 아무렇지도 않은 일이기도 하다.

극단적인 혐오감의 한 예가 강박장애(obsessive compulsive disorder)
다. 이들은 다른 사람과 악수조차 하기를 꺼린다. 하는 수 없이 악수를
하더라도 곧바로 손을 철저히 씻어야 한다. 타인의 손에 묻은 세균을
없애기 위해서다. 누군가 자신의 방에 들어왔다 나가면 감염된 세균을
박멸하기 위해 대청소를 해야 한다. 침대 이부자리와 베갯잇을 세탁하
는 것은 기본이다. 강박장애자들은 끊임없이 손을 씻는다. 청결에 대
한 강박증의 바탕에는 병적으로 지나친 혐오감이 있다.

적당한 혐오는 건강을 지켜주는 기능을 하지만, 지나치면 친사
회적인 행동을 하는 데 걸림돌이 된다. 토악질하는 친구의 등을 두드
려주는 일, 남의 배설물을 치우는 일, 사체를 다루는 일, 길거리에서 죽
은 동물을 치우는 일 등 역겨움을 참아가며 해야 하는 사회친화적인
일들은 무수히 많다.

엄마들이 자식의 똥 묻은 기저귀에 역겨움을 느낀다면 아기를
제대로 돌보지 못한다. 몸을 못 가누는 환자들의 똥을 치우고 몸을 닦
아주는 일은 간병인과 간호사가 노상 하는 일 중의 하나다. 나도 인턴
시절, 파견 근무했던 병원에서 행려 병자들의 욕창을 소독하면서 구더
기를 치운 적이 여러 번 있었다. 피, 고름, 상처, 욕창, 배설물, 악취는
우리 곁에 늘 따라다니는 것들이었다. 심장이 멎은 사람에게 심폐소생
술을 하면서 급한 나머지 환자의 입에다 내 호흡을 불어넣어준 적도
있었다.

지나가는 차에 치여 도로 위에서 죽어가는 짐승들이 있다. 동물

의 사체를 볼 때마다 나는 핸들을 꺾어 피하기 일쑤다. 하지만 동물의 사체를 고이 싸서 차 트렁크에 넣었다가 땅에 묻어준다는 사람을 본 적도 있다. 자신을 질병으로부터 보호하려는 본능과는 거리가 먼 행동이다. 그 사람이 혐오감을 느끼지 못해서가 아닐 것이다. 그건 상처 받은 동물, 죽은 채로 길에 내버려진 생명에 대한 공감이 있어서이다.

우리 뇌에서는 고통 받는 사람이나 동물을 도우려는 공감과 역겨운 것으로부터 피하려는 혐오감이 충돌한다. 미러뉴런 대 도피질 간의 긴장이 팽팽하다. 우리 뇌에서는 공감과 혐오가 서로 대립하여 한바탕 전쟁을 치르고 있는지도 모른다.

사실 인간이라면 서로 상충하는 감정들이 마음속에 가득한 것이 당연하다. 우리에게는 고통 받는 생명을 도와주려는 마음과 끔찍한 상처를 보고 움츠러드는 마음이 동시에 생긴다. 남을 도우려는 욕구가 얼마나 강한가, 나의 혐오감이 얼마나 큰가, 어느 쪽으로 기우느냐에 따라 나의 행동이 결정될 것이다.

당장 눈앞의 안전을 생각하면 혐오감이 이긴다. 특히 생명을 위협하는 심각한 상황에서 우리는 자신의 생명을 유지하려는 쪽으로 움직일 것이다. 우리는 타인에 대해 연민과 동정을 느낀다고 말은 쉽게 하지만, 막상 길바닥에 쓰러져 있는 사람을 끌어안고 만져야 할 때 선뜻 행동으로 옮기기는 어렵다. 그 순간에 이타적인 행동을 방해하는 것은 공감능력이 부족해서일 수도 있지만 혐오감이 지나쳐서일 수도 있다. 그 절박한 순간에 선의를 베풀려면 혐오센터인 도피질을 잠시 정지시켜놓는 것이 필요하다.

혐오감을 내려놓고 공감을 표현하는 가장 손쉬운 방법은 악수일 것이다. 자신을 찾아오는 사람과는 무조건 악수부터 하자. 불결해 보이는 손이라도, 땀에 젖어 있는 손이라도, 닿기도 싫은 사람이라도 그 손을 따뜻하게 만져주자. 악수는 공감을 전해주는 터치의 기술이다.

우울증에 빠지지 않으려면 야구배트를 휘둘러서라도 증오를 배출하라

사랑과 미움은 종이 한 장 차이

"사랑의 본명은 분명히 증오"는 지드래곤의 노래 〈블랙〉의 한 소절이다. 헤비메탈 음악 팬들은 아이언 메이든의 노래 〈사랑과 증오는 종이 한 장 차이(There's a thin line between love and hate)〉라는 노래를 알 것이다. 이 노랫말들이 맞을까?

증오는 대상에 대한 강렬한 적대감과 혐오감을 뜻한다. 그 감정이 너무나 강렬해서 상대에게 해를 가하려는 생각까지 들게 만든다. 증오는 사랑과는 상반되는 사악한 감정으로 여겨지지만, 비이성적이고 열정적인 면에서는 격정적인 사랑과 닮았다. 증오는 사랑만큼 흥미로운 주제인데, 2000년대가 되어서야 '증오의 뇌'의 비밀이 밝혀지기 시작했다.

연구진들은 정상적인 성인들에게 자신들이 증오하는 사람의 얼굴을 보게 하며 기능적 자기공명영상을 촬영했다.[43] 실험 참가자가 증오하는 사람은 대부분 옛 애인이거나 직장 동료, 경쟁자들이었다. 미워하는 정도를 점수로 매기게도 했다.

증오하는 사람의 얼굴을 보았을 때 활성화되는 뇌는 내측 전두엽(medial frontal), 우측 조가비핵(right putamen), 양측 전운동피질(premotor cortex), 전두엽극(frontal pole), 양측 도피질(insular cortex)이었다.

로맨틱한 사랑을 느끼는 뇌와 증오를 느끼는 뇌는 크게는 다르지만, 그럼에도 불구하고 두 감정에 공통적으로 흥분하는 뇌영역은 바로 조가비핵과 도피질이었다.

한 가지 흥미롭고도 중요한 사실은, 증오의 뇌에서는 분노나 공포에서 활성화되는 편도체가 잠잠했다는 점이다. 분노나 공포와 마찬가지로 증오도 부정적이고 강렬한 감정인데 말이다. 오히려 증오의 뇌는 분노나 공포보다는 사랑의 뇌와 더 닮았다. 마치 슬픔의 뇌가 우울보다는 행복의 뇌와 더 닮았듯이.

증오의 뇌에서 활성화되는 전운동피질은 운동을 계획하고 실행하는 곳이다. 즉, 증오에 차면 우리 뇌는 상대에 대해 공격을 하든 방어를 하든 어떤 행동을 취해야 할 것으로 받아들이는 모양이다.

전두엽극은 타인의 행동을 예측하는 곳이다. 증오하는 사람을 맞닥뜨렸을 때 뇌는 준비태세에 들어가야 한다. 조가비핵은 경멸과 혐오를 지각하는 곳이기도 하면서, 한편으로는 행동에 돌입하게 하는 운동시스템의 일부이기도 하다.

조가비핵과 도피질이 로맨틱한 사랑의 뇌에서도 흥분한다는 사실은 놀랍지 않다. 조가비핵은 사랑하는 사람을 보호하기 위해 행동에 돌입하는 채비를 갖추게 한다. 도피질은 고통스러운 자극에 반응하는 곳이다. 사랑도 때론 고통이다. 사랑하는 사람도 나를 아프게 한다. 사랑하는 사람이나 미운 사람이나 내게 아픔의 신호를 주기는 마찬가지인가 보다.

결혼하고 나서 단 한 번도 싸우지 않았다는 부부를 본 적이 있다. 난 '과연 그들이 정말 사랑하는가?' 하는 의문이 들었다. 〈응답하라 1997〉에서 성동일, 이일화 부부는 그렇게 격렬하게 싸우고도 차 안에서 사랑을 나눈다. 싸우고 돌아서서 사랑이라니. 사랑과 미움은 종이 한 장 차이다. 아니, 미운 감정이 있어야 사랑이 완전해지는지도 모른다. 가수 인순이는 아버지를 "미워했었다. 사랑했었다"라고 노래한다. 기원전 시인이자 철학자 카툴루스(Catullus)는 말했다.

"나는 증오한다. 동시에 나는 사랑한다. 왜 그런지 이유는 모른다. 그러나 미움과 사랑이 함께 있다는 걸 느낀다. 그래서 괴롭다."

우리는 사랑하는 사람에게 사랑과 미움의 감정을 동시에 느낄 때가 있다. 이를 '애증'이라 표현하기도 한다. 사랑하면서도 동시에 미워하는 것(Lovate : love and hate). 사랑과 미움도 웃음과 울음(craughing)과 마찬가지로 하나의 세트가 아닐까.

그 종이 한 장 차이는?

그럼에도 증오의 뇌는 사랑의 뇌와 차이가 있었다. 사랑의 뇌는 판단과 이성에 관여하는 대뇌겉질의 많은 부분이 잠잠했다. 반면, 증오의 뇌에서는 이성적인 사고를 하는 대뇌겉질의 활동이 활발하였다.

사랑에 빠지면 우리는 사랑하는 사람에 대한 판단을 유보한다. 사랑하는 사람 앞에서 모든 경계를 푼다. 이런저런 생각 없이 사랑만 한다. 사랑하면 그저 행복할 뿐이다. 증오도 사랑과 마찬가지로 열정적인 감정인데, 어떻게 이성적인 뇌를 보존할 생각을 할 수 있을까?

증오에 빠지면, 미워하는 사람이 어떤 행동을 할지 예측하고, 그 사람에게 어떻게 복수할지 궁리하게 된다. 복수를 위해 내가 할 행동을 계획하고 판단해야 한다. 그럴듯한 설명이다. 증오는 분노나 공포처럼 반사적이고 즉각적인 정서반응이 아니었던 셈이다. 증오는 추론과 숙고를 요하는 감정이다.

사랑과 증오는 열정의 깊이는 비슷할지라도, 둘의 뇌는 닮은 듯 달랐다. 사랑에 불타면 생각을 멈추지만, 증오에 불타면 생각이 많아진다. 사랑이 끝나면 비로소 생각이 시작된다. 증오는 완전히 눈이 먼, 비이성적인 감정은 아닌 셈이다.

증오의 진화

인류에게 '증오'라는 감정은 어떻게 생겨났을까?

증오는, 감정의 뇌인 안쪽 뇌와 이성의 뇌인 바깥쪽 뇌를 두루 쓰는 감정이다. 따라서 인류가 바깥쪽 뇌를 발달시킬 무렵부터 생긴 감정으로 추정된다. 수백만 년 전부터 내려온 감정이라기보다 수십만 년 전부터 생긴 감정이라는 이야기다. 왜 수백만 년 전 인류에는 없던 감정이 한참 뒤에야 생겨났을까?

우리 조상은 극심한 가뭄과 빙하기를 거치면서 굶주림과 질병, 자원고갈에 노출될 수밖에 없었다. 이런 열악한 환경에서 비문명사회의 사람들은 무리를 지어 영역을 만들고 방어적으로 살았다. 생존하기 위해서는 집단 내의 결속과 협동을 강화해야만 했다.

그렇기에, 집단 내 사람들은 외부의 낯선 사람들을 반길 리가 없었다. 식량을 확보하고 영토와 세력을 넓히기 위해 다른 부족과 충돌하는 일도 불가피했다. 이 과정에서 다른 무리에게는 적대적으로 대하는 것이 유리했을 것이다.

협동과 적대감은 함께할 수 없는 가치로 보이지만, 그 방향이 어디냐에 따라 결과는 판이하다. 집단 내 사람들과는 협동하고 집단 밖 사람들에게 적대감을 가지는 것은 무리를 존속시키는 데 시너지를 발휘했다. 집단 내 협동이 강한 무리일수록 다른 집단에 더 공격적이었고, 집단 간의 갈등이 치열할수록 집단 내 결속과 희생은 더 절실했

172

을 것이다. '죽임을 당하기보다는 차라리 죽이자'는 사고방식을 가진 부족은 오래 살아남았다. 원시시대에는 증오가 적들로부터 자신을 지키는 동기로 작용했을 것이라는 추측이다.

이러한 태도는 현대인에게도 고스란히 남아 있다. 우리는 본능적으로 낯선 사람을 '내 과(my type, my style)냐 아니냐', '나와 다른가 같은가'로 구분하는 경향이 있다. 나와 다른 모든 사람들이 잠재적인 적이 될 수 있는 것이다. 사회심리학자들은, 우리 인간들이 '집단 내' 사람들에게는 호의를 베풀고 편애하는 동시에, '집단 외' 사람들을 폄하하는 경향이 있다고 말한다. 그 누구든 '우리'라는 테두리 밖으로 몰아내면 자동적으로 그 사람을 깎아내리려는 마음을 가진다.

옥시토신이 여기에 중요한 역할을 한다는 단서가 제기되었다. 옥시토신은 사랑호르몬이다. 여성이 분만할 때 옥시토신 분비가 급등하여 태아와의 유대를 강화한다. 또 신뢰와 협동, 이해와 공감 등 여러 친사회적인 행위에도 관여한다. 그러나 옥시토신은 양면성을 가진 호르몬이기도 하다.

남성들에게 옥시토신을 투여했더니 집단 내 신뢰와 협동은 촉진되었지만, 동시에 집단 밖 사람들에 대한 공격성 또한 증가하였다.[44] 내가 마음을 쓰는 사람들에게는 친사회적인 행동을 하게 하지만, 나와 가깝지 않은 사람들에게는 부정적인 행동을 하는 데 일조한다. 옥시토신이 따스하기만 한 화학물질은 아니었던 셈이다.

미국 원주민 인디언 추장에게 그가 그토록 지혜롭고 행복하고 존경받는 비결을 물었다. 그는 대답했다.

"내 마음속에는 두 마리의 늑대가 살고 있소. 한 마리는 사랑의 늑대이고, 다른 한 마리는 증오의 늑대라오. 나의 행복은 내가 매일 어느 늑대에게 먹이를 주느냐에 달려 있다오."

'우리가 남이가?' 어려운 처지에 있는 친구가 내 도움을 받고 미안하고 고마워 어쩔 줄 몰라할 때, 당연한 걸 갖고 뭘 그러느냐는 듯 어깨를 툭 치며 내가 건넨 말이다. 그러나 한때 정치적으로 악용되기도 했던 서글픈 유행어이기도 하다.

어려울 때 상부상조하는 것이 당연지사라는 이 표현 속에 이미 '우리'와 '남'이 대립하고 있다. 그런데 '우리' 안의 결속과 애착이 '남들'을 향한 공격을 낳지는 않았는지? 아니면 '남들'을 향한 공격과 미움이 '우리'의 결속을 강화하는 자양분이 되지는 않았는지? 집단 간의 경쟁과 갈등이 심할수록 집단 내 협동과 이타심은 커지도록 진화되었다. 이렇게 본다면 증오의 늑대가 사랑의 늑대의 형뻘이라고 볼 수도 있지 않을까?

그 누구도 증오로부터 자유롭기는 어렵다. 심지어 내가 사랑하는 사람에게도 증오를 가질 때가 있다. 증오는 우리들 마음속에, 우리의 유전자 속에 남아 있다. 내 안의 증오심을 부정하지 않는 것이 필요하다. 증오를 느끼는 것 자체가 잘못은 아니라는 것을 이해하는 것이 중요하다. 다만 그 증오가 항상 나의 이기적인 목적을 위해서만 봉사하지는 않는지, 지나치게 날뛰는 것은 아닌지 돌아볼 여유는 지니는 것이 좋겠다. 그래야 증오가 나의 통제를 벗어나 멀리 나아가지 못하도록 묶어놓고 달랠 수 있을 테니까.

증오를 발산하지 않으면 우울증

정상적인 사람들이 때때로 증오심을 갖는 것은 자연스럽다. 그런데 만약 마음속의 증오를 제대로 처리하지 못하면 어떻게 될까?

우울증 환자에서 뇌의 증오회로가 일반인들과 다르다는 연구가 있다.[45] 연구진은 기능적 자기공명영상을 이용하여 우울증 환자와 정상인의 뇌 네트워크를 비교해보았다. 증오회로는 상부 전두엽(superior frontal gyrus), 도피질, 조가비핵으로 구성된 회로다. 정상인에서는 증오회로의 세 영역이 동시에 활동하며 조화를 이루는데, 우울증 환자에서는 증오회로의 작동이 조화를 이루지 못하였다.

얼핏 증오회로가 제대로 작동하지 못하면, 증오감이 사라져 마음은 차분해지고 평화로워질 것으로 생각하기 쉽다. 마음의 평화를 얻기 위해 증오회로를 절단하는 방법을 고안해볼 수도 있겠다. 그러나 연구결과는 뜻밖이다. 오히려 우울증 환자들에서 증오회로의 연결이 원활하지 못하다는 것이다.

이것은 무엇을 의미하는 걸까? 물론 이 연구에 대한 비판도 만만치 않다. 증오회로라고 말하는 뇌영역 중 도피질과 조가비핵은 사랑의 뇌이기도 하다. 또 뇌 연결의 이상이 우울증의 원인인지 결과인지도 불분명하다. 아무튼 앞으로 이 결과를 뒷받침하는 근거들이 뒤따라야 하겠지만, 연구자들의 다음 주장은 한 번쯤 새겨볼 만하다.

증오회로의 연결이 끊어져 있다는 것은, 증오감을 일으키는 상황으로부터 자신을 통제하는 기능에 장애가 있음을 암시한다. 결국 제대로 처리되지 못한 증오는 자신을 향하게 된다. 자기는 아무에게도 사랑받을 수 없다는 절망감이 자신을 사회로부터 더욱 고립시킨다. 이는 '우울은 자신을 향한 분노'라고 말한 프로이트의 생각과도 맥을 같이한다. 이렇게 본다면, 우울증에서 나타나는 자살이 실제로 '자신에 대한 타살'이라고 보는 견해도 일리가 있다.

증오도 본디 나쁜 감정은 아니다. 증오는 총알이 장전된 총과 같다. 그 총을 악을 위해 쓸 것인가, 선을 위해 쓸 것인가, 혹은 방아쇠를 당길 것인가, 잠금쇠를 채울 것인가는 전적으로 우리에게 달려 있다. 증오감을 느끼는 것은 자연스러운 감정이다. 증오감은 피한다고 없어지지 않는다. 오히려 증오를 제대로 분출하지 못하면 우울감에 빠질 수 있다. 증오감이 차오를 때는 야구연습장이나 골프연습장에라도 가서 상대를 공이라 생각하고 마음껏 두들겨라.

한편, 미워하는 사람에게 내가 먼저 간단한 부탁이나 도움을 청해보는 건 어떨까? 혐오하는 사람이나 미워하는 사람은 무조건 멀리하기 쉽다. 그러나 의외로 그는 당신을 특별히 경계하지 않을 수도 있다. 혹은 경계심이 있더라도 그리 크지 않을지도 모른다. 무엇보다도 상대 역시 당신의 존재가 불편해서 어떤 식으로든지 불편한 관계를 해소하고 싶을 것이다. 이럴 때 당신이 그에게 도움을 요청한다면 그는 당신에게 호의를 베풀 가능성이 있다.

혐오나 증오감도 당신이 어떻게 대응하느냐에 따라 긍정적인 관계로 변화할 수 있다.

경쟁자의 실패를 통쾌하게 비웃어라

뇌 안에 살고 있는 녹색 눈의 괴물

"오! 왕이시여, 질투를 주의하옵소서.
이는 거짓을 행하는 녹색 눈의 괴물입니다."

셰익스피어의 비극 〈오셀로〉에 나오는 대목으로, 이아고가 주인 오셀로에게 하는 말이다. 상대방의 심리를 교묘하게 이용할 줄 알았던 이아고는 오셀로와 그의 아내 사이를 이간질한다. 오셀로는 아내가 불륜을 저질렀다고 믿고 질투에 격노하여 결국 파멸에 이른다. 왜 셰익스피어는 질투를 '녹색 눈을 가진 괴물'로 묘사했을까?

177

약간 다르지만 '녹색 눈의 질투심'이라는 비슷한 표현이 〈베니스의 상인〉에도 등장한다. 고대 그리스인들은 질투에 눈이 멀면 녹색을 띠는 담즙이 과도하게 분비된다고 믿었다. 담즙이 많이 분비되어 피부가 녹색으로 변하면 녹색 괴물이 되는 것이다.

직장상사가 팀 미팅에서 내 라이벌 동료의 보고서를 침이 마르도록 칭찬한다. 순식간에 내 얼굴이 달아오르고 맥박은 빨라지고 숨소리가 거칠어진다. 아드레날린이 상승한다. 동료의 성공에 억지웃음을 보이지만 내 마음은 썩어 문드러진다. 표정관리가 되지 않는다. 나와는 관계없는 몇 마디에 내 마음이 이렇게 불편해지다니. 이것이 바로 녹색 눈의 괴물 '질투'라는 감정이다.

질투도 싸우거나 도망가기 반응과 유사한 점이 있다. 자극이 있은 후 눈 깜짝할 사이에 나의 뇌는 위험을 감지한다. 동료는 성공하고 나는 실패할지도 모른다는 두려움이 앞선다.

질투(jealousy)와 선망(envy)은 혼용되기도 하지만 엄밀히 다르다. 질투는 내가 가지고 있는 것을 남에게 빼앗길까 봐 두려워하는 마음이다. 연인을 빼앗길까 봐, 나의 명성이나 승진을 누군가가 가로챌까 봐, 친구를 잃을까 봐, 부모의 사랑을 형제자매에게 빼앗길까 봐 두렵다.

"질투하지 않는다면 사랑하지 않는다는 뜻이다"라고 성 아우구스티누스는 말했다. 오셀로는 사랑에 대한 질투의 대표격이다. 질투는 일어날지도 모를 상실, 손실, 손해를 염려하여 미연에 막으려는 예기정서이기도 하다. 그래서 질투에 빠지면 잘나가는 사람을 공연히 미워하고 깎아내린다.

한편, 선망은 내가 가지지 못한 것을 다른 사람이 갖고 있을 때 생기는 감정이다. 스포츠카, 좋은 집, 아름다운 외모, 부유한 가정, 명예로운 지위……. 다른 사람이 가진 것을 내가 가지고 싶은 욕망이다. 그걸 가지면 내가 더 나아지고 행복해질 것 같다. 그걸 갖지 못한 나는 낮아지는 느낌이다. 나와 별반 다르지 않은 사람이 내가 갖지 못한 매력적인 것을 갖고 있는데, 난 그것을 가질 수 없다는 무력감에 분노를 느끼기도 한다.

질투와 선망의 공통점은 남과 나를 비교함으로써 생긴다는 것이다. 우리는 어릴 적부터 남이 뭘 하는지, 뭘 갖고 있는지 끊임없이 남과 나를 비교하면서 또 비교당하면서 살아왔다. 서로 모르는 사람들을 한 방에 넣어놓으면, 대부분의 사람들은 자동적으로 서로를 평가하기 시작한다. 누가 더 똑똑할까? 누가 더 잘생겼나? 누가 능력자일까? 누가 옷을 잘 입었나?

우리 인간은 모두가 다 다르다. 그런데 그 '다름'이 문제를 일으킨다. 나를 남과 비교하는 것은 우리 삶에 깊이 스며들어 있는 올가미와도 같다. 특히 성취욕이 강한 전문직 종사자들이 자신과 동료를 비교하는 경향이 높다고 한다.

《하버드 비즈니스 리뷰》에 기고된 말을 빌리면, 아무리 성공하고 아무리 많은 목표를 달성해도, 남과 비교하면서 내가 성취한 것을 다시 측정하게 되고, 성공의 기준을 재조정한다. 과거에 내가 무엇을 이루었는지는 중요하지 않다. 진정한 성공과 성취를 위해 더 많은 것을 이뤄내야 한다. 내가 오르지 못한 지위, 내가 이루지 못했던 남의 성공을 바라보며 나의 목표를 더 높게 잡는다. 가까스로 그 목표를 달성하고 나면 한층 더 어려운 목표를 만들게 된다.

"영광을 갈망한다면 나폴레옹을 부러워할 것이다. 그러나 나폴레옹은 시저를 부러워했고, 시저는 알렉산더를, 알렉산더는 아마도 세상에 존재하지도 않았던 헤라클레스를 부러워했을 것이다."

버트런드 러셀의 말이다.

질투하는 뇌

나의 가치는 경쟁자와의 비교를 통해 상당 부분 좌우된다. 물론 경쟁자의 큰 실패를 바라지는 않더라도, 그의 작은 실패에 소심한 만족과 기쁨을 느끼곤 한다. 경쟁자의 불행에 악어의 눈물을 흘리기도 한다. 동료와 경쟁자에 질투를 느끼고, 그들의 작은 불행을 기뻐하는 마음으로부터 그 누구도 자유롭기는 힘들 것 같다.

물론 이러한 감정은 결코 유쾌하지 않다. 그럼에도 인간적인 면이 있다. 성인군자가 아니라면, 평범한 인간에게는 보편적으로 존재하는 감정일 테다. 질투는 대부분의 사람들이 드러내고 싶지 않은 감정이다. 그래서 '난 네가 부럽다'라고 말하는 것은 솔직하고 용기 있는 고백이라고 할 수 있겠다.

우리가 남의 성공을 부러워하고, 남의 불행을 기뻐하는 마음은 뇌의 어디쯤에 있는 것일까? 건강한 정상인들에게 다양한 시나리오를 제시하며 기능적 자기공명영상을 촬영하였다.[46] 특히 실험 참가자들에게 자신을 주인공으로 생각하고 그 시나리오를 마음속에 그려보라고 주문했다. 시나리오는 참가자들의 질투를 자극하는 내용이었다.

예를 들어, 내 친구는 기말고사 성적이 최상위지만 나는 중간 정도다. 친구는 야구도 잘하고 여자들에게 인기도 많다. 게다가 예쁘고 공부도 잘하는 여자친구도 있다. 그러나 나는 그렇지 않다.

또 다른 시나리오는, 나의 경쟁자는 원하는 대기업에 취직했다. 연봉도 많고, 시내 번화가의 비싼 아파트에 살며, 외제차를 몰고, 명품 시계를 수집하고, 해외여행을 다니며, 근사한 이탈리안 레스토랑에서 저녁을 즐기고, 아름다운 여성을 만날 기회도 많다. 그러나 이 모든 것이 나에게는 없다. 나의 연봉은 그리 높지 않고, 경쟁자가 즐기는 생활은 엄두도 못 낸다.

참가자들이 질투를 느낄 때 흥분한 뇌는 전대상회(anterior cingulate cortex)였다. 전대상회는 갈등과 에러를 인지하는 곳으로, 실제로 일어난 일이 자기의 기대와 다를 때 흥분한다.

매우 흥미로운 사실은, 전대상회의 흥분은 실험 참가자가 시나리오 안의 경쟁자를 실제 자신의 경쟁자로 여길 때만 관찰되었다는 것이다. 시나리오의 경쟁자가 자신과 아무 관계가 없다고 여길 때는 질투도 없었다. 자신과 비교해서 아무리 뛰어나도 그 비교대상이 나와 무관하다면 우리는 질투를 그리 느끼지 않는다.

경쟁자의 불행에 흡족해하는 뇌는 어디일까? 경쟁자가 실패했거나 주인공보다 못하다는 시나리오에는 복측 줄무늬체(ventral striatum)

가 흥분하였다. 역시 시나리오상의 경쟁자가 자신과 관련 있는 사람이라고 여길 때만 이곳이 활성화하였다. 복측 줄무늬체는 보상과 관련 있는 곳으로 쾌감을 느낄 때 흥분한다. 한 가지 더 흥미로운 사실은, 전대상회의 흥분(경쟁자의 성공에 질투)과 복측 줄무늬체의 흥분(경쟁자의 실패에 흡족)은 서로 비례하였다.

경쟁자의 성공은 우리에게 아픔이 되고, 경쟁자의 실패는 우리에게 쾌감이 되기도 한다. 나와 무관한 사람에게서는 이런 감정을 느끼지 않는다. 내가 아픔이나 쾌감을 느끼는 것은 내가 무엇을 했느냐에 달려 있지 않고, 타인과의 비교에서 결정된다는 것이다.

'너의 성공은 나의 아픔이요, 너의 불행은 나의 행복이라.'

뇌과학은 이 명제가 사실임을 뒷받침해주고 있다.

경쟁자의 성공을 마음껏 부러워하라

질투는 나의 힘

나와 비슷한 처지에 있는 사람이 내가 이루지 못한 성공을 거두었다면, 부러움을 느끼는 것은 당연한 일이다. 질투가 여자의 전유물이라고 생각한다면 그건 큰 오산이다. 치열한 세상에서 남자의 질투와 시기가 나라의 운명을 바꾼 예도 많다. 질투를 하지 않으려고 애써봐야 부질없다. 그 감정 뒤에 내가 어떤 행동을 하느냐가 중요하다. 감정은 선택이 아니지만, 행동은 선택이기 때문이다.

악의적인 질투는 '내가 갖고 있지 않으니 너도 가지면 안 된다'는 식이다. 질투는 내가 그와 동일하지 못하기 때문에 생긴다. 상대와 나를 동일하게 만드는 가장 손쉬운 방법은 상대를 흠집 내어 깎아내리는 것이다.

반면에, 긍정적인 질투는 남의 성공을 동기부여의 기회로 삼는다.

'네가 할 수 있다면 나도 할 수 있겠다. 나라고 못 할 게 뭐냐?'

물론 이 또한 그리 유쾌한 감정은 아닐지라도 자신을 채찍질할 수 있는 자극제가 된다. 상대의 성공에 감탄만 하는 것보다는 약간의 부러움을 가지는 것이 내가 발전하는 데 더 낫다.

'아니, 걔가 어떻게 그걸 해냈지? 믿을 수 없어'라고 화살을 상대에게 돌리기보다, '어떻게 하면 내가 그걸 해낼 수 있을까?'처럼 자신에게로 초점을 돌린다. 그를 깎아내려 나와 같게 만들 것인가, 아니면 나를 끌어올려 그와 같게 만들 것인가?

사람들은 '부러우면 지는 거다'라고 말하지만, 꼭 그렇지는 않다고 생각한다. 부러움의 감정 역시 자연스러운 감정이다. 부러움을 부정하지 말고 있는 그대로 인정하자. 경쟁자의 성공에 부러움을 느끼는 것이 내가 발전하는 데 더 낫다. 그러니 경쟁자의 성공을 마음껏 부러워하고 쿨하게 화환을 보내보자. 부러워해야 이길 수 있다.

그러나 부러워하기만 하면 지는 거다. 부러움이 작은 출발이 되어 큰 성공으로 이어지기도 한다. 성공한 사람들은 그 전에 성공한 사람들의 영향을 받았다는 말을 많이 한다. 부러움이 동기를 부여하고 피나는 노력으로 이끈 것이다.

질투로부터 자유로워지는 가장 좋은 방법은 나 자신이 더 나은 사람이 되는 것이다. 내가 자존감이 높은 사람이 되면 질투의 감정도 줄어든다. '인심은 곳간에서 나온다'라는 말이 있듯이, 내가 뚜렷한 목표를 갖고 있고 그 목표를 향해 꿋꿋이 나아가고 있다면, 다른 사람을 부러워할 필요가 없다. 마음껏 부러워하자. 그리고 조금 더 노력하자.

라이벌을 생각하며

내게 라이벌이 있다는 것은 참 행운이다.
나는 그와 같은 꿈을 향해 열심히 달려가고 있다.

그는 매우 훌륭하여
그의 라이벌이라는 것만으로도 내가 빛이 난다.
그의 존재가 내 가치를 드높여주는 것이다.
그의 성공은 나를 더 노력하게 만든다.
그래서 나는 그에게 감사한다.

그가 추락하면 나도 추락하고
내가 그를 짓밟으면 나도 나가떨어진다는 것을 알기에
나는 그가 잘되기를 바란다.
그가 꿈을 이루기를 바란다.
소심한 내가 한 가지 더 바란다면,
내가 그보다 조금 더 잘되기를…….

6장

사랑은 행복을 주는 지상 최고의 묘약이다

Craughing : crying + laughing

사랑의 단계별 레시피
- 사랑하고 사랑받고 싶을 때는 이런 음식을!

당신과 단 하룻밤을 더 보낼 수 있다면 내 모든 걸 드리겠어요. 당신의 숨
결을 느낄 수만 있다면 내 목숨도 걸 수 있어요(I'd give my all to have just one
more night with you. I'd risk my life to feel your body next to mine).

나는 머라이어 캐리가 부르는 〈내 모든 것(My all)〉보다 사랑에
대해 더 애절한 목소리와 노랫말을 알지 못한다. 『안나 카레니나』의
안나, 『보봐리 부인』의 엠마는 사랑 때문에 파국을 향해 치닫기도 한
다. 과연 인간에게 사랑의 감정보다 더 큰 에너지가 있을까.

왜 어떤 이들은 안락한 삶을 포기하고 사랑이라는 폭풍우 속에
자신의 삶을 내거는가? 왜 사랑은 때때로 인간을 비이성적이고, 비합
리적이고 심지어 어리석게도 만드는가? 큐피트가 뇌과학을 알았더라
면 아마도 심장이 아니라 뇌에 화살을 쏘았을 것이다. 뇌과학의 발달

로 이제 사랑은 심장에 있지 않고 뇌에 있다는 것을 안다.

사랑에 빠진 뇌는 어떠할까?

사랑의 묘약 1. 테스토스테론

서로 모르는 젊은 남녀가 마주 앉아 있다. 두 사람은 30분간 서로 자신의 이야기를 포함해서 사적인 대화를 나눈다. 그 후 4분 동안 말없이 서로의 눈을 깊이 응시한다. 정확히 34분의 실험이 끝난 후, 상당히 많은 커플들이 서로에게 끌렸다고 한다. 일반적으로 상대에게 끌리는 데 걸리는 시간은 90초에서 4분 정도라고 한다.

사랑에는 세 단계가 있다고 한다. 첫 번째는 애정이 동반되지 않는 성적 욕망(lust)의 단계, 두 번째는 서로에게 심리적으로 끌리는 단계(attraction), 세 번째는 애착(attachment)의 단계이다. 쉽게 말하자면, 섹스 → 로맨스 → 애착이다. 개인과 문화에 따라 이 세 단계가 명확히 분리되지 않거나 겹칠 수도 있고 순서가 바뀔 수도 있다. 개인에 따라 로맨스가 먼저이고 성적 욕망이 나중인 사람도 있다.

성적 욕망은 성호르몬인 테스토스테론에 의해 유도된다. 사춘기가 지나면 성호르몬이 왕성해지면서 사랑을 경험하고픈 욕망이 생긴다. 성적 욕망의 샘은 뇌의 시상하부인데, 여기에 테스토스테론과 같은 성호르몬의 수용체가 있다. 시상하부는 배고픔이나 갈증과 같은 기본적인 욕구를 제어하는 곳이기도 하다.

남성호르몬인 테스토스테론은 남성과 여성에게 모두 성적 행위에 중요한 역할을 한다. 수염과 털, 남성적인 외모와 관련된 이 호르몬은 얼핏 낭만과는 거리가 먼 듯하지만, 사랑의 엔진에 시동을 거는 데는 반드시 필요하다. 실제로 로맨틱한 사랑에 성생활이 중요한 부분을 차지한다. 성생활이 만족스러운 커플일수록 두 사람의 전체적인 관계도 만족스럽다. 테스토스테론은 일단 두 남녀를 끌리게 해서 성적 에너지에 불을 붙이는 것이 가장 중요한 임무다.

사랑에 빠지고 싶은 청춘이라면(물론 마음이 청춘인 사람도 포함해서) 사랑의 시작에 결정적인 역할을 하는 테스토스테론에 관심을 가질 만하다.

테스토스테론 레시피

비타민 D가 풍부한 음식이 테스토스테론을 올린다. 참치가 대표적이다. 연어나 정어리도 같은 효과를 낸다.

비타민 D를 포함한 저지방 우유, 계란 노른자위(단, 콜레스테롤이 높은 사람은 한 개 이상은 주의)도 좋다. 비타민 D가 풍부한 시리얼과 오렌지 주스로 아침식사를 든든히 해보자.

굴이나 게, 바닷가재에 함유된 아연도 테스토스테론을 올려준다. 적당한 양의 소고기와 콩(비타민 D와 아연이 풍부함)도 좋은 재료들이다.

이제 본격적인 사랑이 시작된다. 서로에게 심리적으로 끌리면서 실제로 사랑에 빠지는 로맨스의 단계이다. 이 단계가 되면 사랑하는 그 사람만 생각한다. 다른 사람은 안중에 없다. 나의 모든 것이 오직 한 사람을 향해 있다. 그 사람만 있다면 이 세상은 마술과도 같다.

사랑하는 사람에 관한 모든 것이 특별해진다. 연인이 가진 것은 아무리 사소한 것이라도 특별한 의미로 다가온다. 사랑하는 사람으로 인해 이 세상 모든 것이 특별하다. 함께 걸었던 길, 같이 들었던 음악, 함께 먹은 음식, 한 번이라도 들렀던 레스토랑, 심지어 그날 같이 차를 마셨던 찻잔까지…… 모든 순간, 모든 기억이 특별하고 고유하다.

사랑하는 사람과 다음 날 해가 뜰 때까지 밤새 이야기를 나누기도 한다. 짧은 만남을 위해서 천리 길도 마다하지 않는다. 사랑하는 사람을 위해서라면 직업과 인생관을 바꾸기도 하고, 심지어 삶의 모든 것을 걸기도 한다.

기분은 롤러코스터를 탄다. 관계가 순조로울 때는 환희에 차 있다가도, 연인이 무심하다고 느껴질 때는 절망감에 휩싸이기도 한다. 극도의 행복감에 취해 희열로 잠 못 이루기도 하고, 식욕은 없는데 에너지는 충만한 상태가 된다. 주의 집중은 최고조에 달하고, 표정에는 열정이 가득 묻어 있다.

도대체 사랑의 이런 모습은 뇌의 어느 부위, 어떤 화학물질의 놀음일까? 사랑의 열병에 휩싸인 뇌는 어떤 모습일까? 낭만적이고 열정적인 사랑에는 다음 세 가지 묘약이 중요한 역할을 한다.

바로 아드레날린, 도파민 그리고 세로토닌이다.

사랑의 묘약 2. 아드레날린

로맨틱한 사랑의 초기에는 아드레날린이 앞장선다. 사랑에 빠지면 가슴이 두근거리고, 손바닥에 땀이 나고, 입은 마르고, 속은 울렁거린다. 모두 아드레날린이 상승한 탓이다. 공포에 질릴 때도 아드레날린은 상승한다. 막연하게 서로 호감만 느끼던 두 사람이 흥미진진하고 짜릿한 경험을 함께하면서 새로운 사랑의 감정이 생기기도 한다.

아드레날린은 로맨틱한 사랑의 메신저다. 사랑의 진도를 빨리 나가고 싶을 때는, 적당히 긴장되고 흥분되는 경험을 함께해보자. 연인들이 놀이 공원을 좋아하는 이유도 이해가 간다. 롤러코스터를 같이 타거나 유령의 집에 들어갔다 나온 후에 갑자기 사랑에 빠지기도 한다.

아드레날린 레시피

아드레날린이 풍부한 음식은 커피, 차, 초콜릿, 코코아가 대표적이다. 감귤류(레몬, 오렌지), 바나나, 바닐라도 추천할 만하다.

단, 음료든 과일이든 너무 과식하면 혈압과 맥박이 올라가니 주의해야 한다.

사랑의 묘약 3. 도파민

다음 묘약은 도파민이다. 사랑에 빠진 사람은 도파민이 높다. 미친 듯이 사랑에 빠진 남녀는 에너지가 넘치고, 잠이 없어지며, 밥 생각도 잊은 채 오로지 상대에 집중하면서 사소한 것에도 크게 기뻐한다. 또한 상대방에 대한 소유욕이 커져서 강박적일 정도로 상대에게 집착한다. 마치 연인이 내 머릿속에 자리잡고 사는 것 같다. 모두 도파민의 상승 탓이다.

도파민은 욕망과 보상, 쾌감에 중요한 호르몬이다. 섹스하는 동안에도 도파민이 분비된다. 코카인과 같은 마약을 흡입해도 도파민이 상승한다. 코카인과 사랑은 뇌에 똑같은 효과를 만들어낸다. 모두 중독성 물질인 셈이다.

도파민 레시피

도파민은 동물성 식품과 콩과 식물, 특히 누에콩이나 강낭콩에 많이 들어 있다. 사과, 아보카도, 바나나, 근대, 사탕무, 초콜릿, 아몬드, 오트밀, 식용 해초, 참깨, 호박씨, 강황(커리), 수박, 맥아, 요거트 푸른 잎줄기 채소들도 도파민을 올려준다.

커피, 녹차, 우유를 발효시킨 음료도 도움이 된다.

사랑의 묘약 4. 세로토닌

로맨틱한 사랑의 시기에 작용하는 또 하나의 묘약은 세로토닌이다. 본래 세로토닌은 고요함, 평온함, 차분함, 만족스러움과 같은 정적인 감정을 촉진하는 호르몬이다. 사랑의 열병에 빠진 사람들의 모습과는 다소 거리가 있다. 그래서인지 사랑에 푹 빠진 사람들에게 세로토닌은 오히려 감소되어 있다.

그렇다면 세로토닌은 사랑에서 어떤 작용을 할까? 사랑에 빠진 커플들은 깨어 있는 시간의 대부분을 연인에 대한 생각으로 보낸다. 떨어져 있으면 먹지도 못하고 일에 집중도 못한다. 이는 강박장애 (obsessive compulsive disorder) 환자와 흡사하다.

실제로 사랑에 빠진 연인들의 세로토닌 수치는 강박장애 환자들만큼이나 낮았다.[47] 사랑하는 사람 생각에 하루 종일 파묻혀 있고, 상대에 과도하게 집착하는 강박증은 세로토닌의 부족 탓이라 할 수 있다.

로맨틱한 사랑의 열정은 시간이 지나면서 점점 옅어진다. 보통 열정적인 사랑은 2~3년 뒤에는 시들해진다고 한다. 사랑의 열정을 책임졌던 호르몬들인 아드레날린과 도파민은 비중이 줄어든다. 그 대신 연인과의 관계가 안정기에 접어들면 세로토닌이 증가한다. 그래서 함께 있으면 따스하고 편안하다. 물론 초창기에 느꼈던 흥분과 전율은 줄어든다. 소위 허니문 시기가 끝난 것이다.

한편, 연인이 예전 같지 않고 변한 것처럼 느껴진다. 연인에게서 여러 결점들이 보이기 시작한다. 왜 그는(그녀는) 변한 것일까 의아해하지만 실제로 파트너는 변하지 않았다. 단지 우리 눈을 가렸던 호르몬들이 걷히면서, 이제 정신을 차리고 이성적으로 파트너를 바라보게 된 것이다. 이때 둘의 관계는 더 지속되거나 아니면 끝이 난다.

만약 관계가 지속되면 다른 묘약들이 바통을 이어받는다. 다만, 애착관계가 성장하면서 열정은 시들해진다.

세로토닌 레시피

세로토닌이 풍부한 음식에는 생선(연어, 정어리, 청어)과 고기, 계란 그리고 아마씨(기름), 콩, 메밀 등의 곡류와 키위, 바나나, 체리, 파인애플, 토마토, 자두 같은 과일이나 채소류, 비타민 B_6가 풍부한 시리얼 등이 있다. 다크초콜릿에도 세로토닌이 매우 풍부하게 들어 있다. 일광욕 역시 세로토닌을 증가시켜준다.

사랑의 묘약 5. 옥시토신

열정적인 사랑이 지나가고 나면 자연스럽게 애착의 단계로 넘어간다. 커플은 오랜 기간 함께하면서 결혼을 하고 아이를 낳아 키운다. 연애 초기의 격렬함을 차분히 가라앉히고 이제는 안정적인 애착과 유대감을 유지하는 것이 중요하다. 이때 필요한 호르몬이 두 가지 있다. 바로 옥시토신과 바조프레신이다. 이 호르몬들도 다른 성호르몬과 마찬가지로 시상하부에서 분비된다.

'사랑의 호르몬'이라 불리는 옥시토신은 그야말로 요즘 제일 잘나가는 뇌 호르몬이라 할 수 있다. 옥시토신은 본래 출산과 수유 때 분비되는 호르몬인데, 엄마와 아기 사이의 유대감을 찰떡같이 강화시켜주는 중요한 역할을 한다. 양과 쥐에게 옥시토신의 분비를 봉쇄했더니 어미가 자기 새끼인데도 새끼 돌보기를 거부했다고 한다. 그런데 짝짓기를 해본 적도 새끼를 낳아본 적도 없는 암컷 쥐에게 옥시토신을 주사했더니, 이번에는 그와 반대로 다른 쥐의 새끼에 바싹 달라붙어 알랑거리고 비비고 자기 새끼인 듯 감싸 안으려 했다.

옥시토신은 오르가슴에 도달할 때도 분비되어 섹스 후 서로에게 더 친밀감을 느끼도록 해준다. 섹스가 애착감정을 촉진시키는 것도 상당 부분 옥시토신 덕분이다. 그래서 섹스를 많이 한 커플일수록 유대감도 깊다.

옥시토신은 남녀 간의 사랑이나 부모 자식 간의 사랑뿐만 아니라, 공동체 속에서의 협력 관계에도 적용된다. 이를테면 협력적인 사람에게서 더 상승되는 경향이 있다. 옥시토신은 친사회적인 행동을 촉진하고 사람과 사람 사이를 끈끈히 연결시켜주는 역할을 한다. 상대를 더 신뢰하는 사람일수록 옥시토신이 높다. 옥시토신을 흡입한 남성들이 우는 아기나 슬퍼하는 어른에게 더 크게 공감하였다.[48]

실험 참가자들에게 두 사람씩 짝을 지어 100달러를 나눠 가지는 게임을 하게 했다('닿기도 싫은 사람과 악수부터 하라' 참조). 첫 번째 사람이 100달러를 어떻게 나눌지 결정하고, 두 번째 사람은 그 제안을 받아들일지 거절할지만 결정할 수 있다. 만약에 두 번째 사람이 첫 번째 사람의 제안을 받아들이면 둘은 각각 그 돈을 갖게 되지만, 제안을 거절하면 둘 다 한 푼도 가지지 못한다.

그런데 이때 한쪽 그룹에게는 옥시토신을 흡입하게 하고 다른 그룹에게는 그냥 게임에 임하게 했다. 실험 결과가 흥미로웠다. 게임 전에 옥시토신을 흡입한 참가자들은 상대에게 80%나 더 많은 금액을 제안했다.[49]

옥시토신은 가히 사랑호르몬, 신뢰호르몬, 접착호르몬이라 부를 만하다. 그러나 모든 사물이 그렇듯이, 따스하게만 보이는 옥시토신에도 어두운 면이 있다. 자기 편이라고 생각하는 가까운 사람에겐 옥시토신이 신뢰와 유대감을 강화하지만, 적대적인 관계에 있는 사람들에 대해서는 질투나 의심과 같은 부정적인 감정을 유도한다. 옥시토신은 사랑하는 사람에게만 사랑호르몬인 셈이다(5장 참조).

옥시토신 레시피

옥시토신이 분비되는 것은, 출산의 경우가 아니라면 모유를 수유할 때나 유두를 자극받을 때 혹은 사랑을 나눌 때가 대표적이다. 그래서 옥시토신을 올리는 방법은 따로 있다.

바로 허그나 손 잡기, 마사지 등의 스킨십이다. 스킨십의 대상은 연인, 가족, 반려동물 모두 좋다. 가까운 사이라면 둘만의 특별한 악수법을 만들어보는 것도 추천한다. 허그는 하루에 여덟 번, 한 번 할 땐 적어도 20초 이상 해야 제대로 효과를 볼 수 있다.

사랑의 묘약 6. 바조프레신

장기적인 애착형성에 중요한 또 다른 호르몬이 바조프레신이다. 이 또한 오르가슴을 느낄 때 분비된다. 바조프레신은 본래 이뇨를 억제하여 수분을 조절하는 항이뇨호르몬이다. 그런데 이 호르몬이 애착과 관련 있다는 사실은 대초원 들쥐(prairie vole)를 연구한 결과로 우연히 알게 되었다. 포유동물 중 약 3%만이 인간처럼 가족을 형성하는데, 대초원 들쥐도 그런 동물 중 하나다.

대초원 들쥐는 생식에 필요한 것 이상으로 성행위를 하고, 그 욕구도 마음껏 채운다. 또한 인간들처럼 비교적 안정적인 암수 한 쌍의 관계를 유지한다. 짝과 많은 시간을 함께 보내려 하고, 바깥으로 나들이도 자주 간다. 다른 이성 들쥐에게는 관심을 갖지 않는다. 또 새끼를 가지게 되면 암수는 새끼를 돌보기 위해 협력한다. 흡사 그 행태가 인간의 커플과 비슷하다.

그런데 대초원 들쥐들이 일부일처 관계를 유지하는 원인은 무엇일까? 대초원 들쥐와 매우 가까운 친척뻘인 산악 들쥐(montane vole)는 전혀 그렇지 않은데 말이다.

그 비밀은 뇌 호르몬에 있었다. 대초원 들쥐들이 짝짓기를 할 때 옥시토신과 바조프레신이 분비된다. 또 대초원 들쥐의 뇌의 보상회로에는 옥시토신과 바조프레신 호르몬의 수용체가 존재한다. 특히 암수 한 쌍 관계를 촉진하는 바조프레신은 쾌감을 매개하는 측좌핵

(nucleus accumbens)을 흥건히 적신다. 이 호르몬들의 영향으로 들쥐는 계속 같은 들쥐와 섹스를 하고 싶은 것이다.

한편, 수컷 대초원 들쥐에 바조프레신 작용을 억제하였더니 암컷과의 유대가 바로 깨지고 짝을 보호하려고 하지도 않았다. 또 자기 짝을 버리고 즉시 다른 암컷을 찾아나섰다.[50]

그런데 산악 들쥐들의 뇌에는 옥시토신과 바조프레신에 대한 수용체가 없다. 수용체가 없으니 그런 호르몬들이 분비되어봐야 뇌에는 아무 구실을 못 하는 것이다. 그래서 그들은 그저 원나잇 스탠드만 찾을 뿐이다. 대초원 들쥐와 산악 들쥐는 수용체의 차이 외에 다른 신체적 차이는 거의 없었다.

생물학적 관점에서 사랑에는 두 개의 주된 동기가 있다. 하나는 성적 끌림이고 다른 하나는 애착이다. 심리적인 관계는 그 사이를 이어주는 브릿지 역할을 한다. 사랑을 시작하고 지속하는 데 여러 묘약들이 역할을 한다. 시기와 단계에 따라 그 묘약들은 우리 뇌를 적시며 우리를 사랑에 눈이 멀게도 하고, 안정을 찾게도 하고, 유대감을 갖게도 하는 것이다.

연인과 대화할 때는 연인의 이야기에 몰입해서 즐겨라

사랑은 인간중독

사랑에 빠진 뇌의 활동은 어떠할까? 사랑에 빠진 실험 참가자들에게 연인의 사진을 보여주며 기능적 자기공명영상을 촬영해보았다.[51] 참가자들은 이제 막 미친 듯이 격렬한 사랑에 빠진 남녀들이었다. 이들은 제대로 먹지도 자지도 못할 만큼 사랑의 포로가 된 젊은이들이었다. 깨어 있는 시간의 대부분을 연인에 대한 생각으로 보내는 사람들이었다.

먼저, 사랑에 빠지면 활동을 멈추는 뇌가 있다. 바로 전두엽과 편도체, 중간 측두엽이다. 전두엽은 이성과 판단이 자리하는 곳이다. 사랑을 하면 눈이 먼다. 사랑에 빠지면 연인에 대한 모든 비판과 의심을 내려놓는다. 연인의 결점은 눈에 보이지 않고, 연인을 이상적인 파트너라 여긴다. 편도체는 두려움을 제어하는 곳이고, 중간 측두엽은 부정적인 감정을 조절하는 곳이다. 사랑에 빠지면 겁이 없어지고, 세상 모든 것에 행복해하고, 미래가 온통 장밋빛으로 보이는 이유도 이 때문이다.

한편, 사랑에 빠지면 왕성하게 활동을 하는 뇌가 있다. 하나는 꼬리핵(caudate nucleus)이다. C자 모양의 꼬리핵은 줄무늬체(striatum)의 일부로 뇌의 안쪽에 위치한다. 이성적인 뇌가 발달하기 전부터 존재한 원시뇌의 한 부분이다. 꼬리핵은 원래 신체 행동을 지휘하는 곳인데, 쾌감을 얻기 위한 동기와 관련되어 있다. 동기(motivation)의 의미가 '어떤 행동을 일으키게 하는 계기'라고 한다면, 신체 행동을 맡는 꼬리핵이 동기체계와 관련이 있는 것은 타당하다. 실험 참가자의 사랑이 더 열정적일수록 꼬리핵의 활동도 비례해서 높았다.

다른 중요한 부위는 복측피개영역(ventral tegmental area)과 측좌핵(nucleus accumbens)이었다. 이곳은 뇌의 보상회로의 중심부다. 복측피개영역은 도파민의 주요 광맥이다. 이 영역의 신경세포들은 마치 촉수처럼 뻗어나가 뇌의 여러 영역으로 도파민을 나누어준다. 도파민을 받는 곳에는 꼬리핵도 포함된다. 보상체계는 맛있는 음식이나 섹스, 마약과 같이 쾌감을 주는 것이면 무엇에든 활발하게 반응한다. 연인들 사이의 사랑도 보상체계를 흥분시키는 자극제 중 하나인 것이다.

흔히 로맨틱한 사랑은 희열에서 절망에 이르기까지 감정들의 집합체라 여기기 쉽다. 그러나 뇌과학은 이러한 상식을 보기 좋게 뒤

집는다. 실제 사랑의 열정은 뇌의 보상체계와 목표지향적인 행동에서 나오고 있다. 사랑이 마약과도 같다는 말은 단순한 은유가 아니다. 사랑하는 사람을 보거나 떠올리는 것은, 코카인을 흡입한 것과 동일한 반응을 뇌에서 일으킨다. 뇌는 사랑과 마약을 동일한 자극으로 취급하는 셈이다.

우리는 왜 사랑을 하는가? 종족을 번식하기 위한 것이라는 진화론적인 설명은 지나치게 단순하다. 이미 종족을 번식한 이후에도 우리는 사랑을 하기 때문이다. 인생의 황혼기에도 여전히 로맨스는 남아 있다.

> 오래전부터 날 매혹시킨 당신, 나는 이제 새로운 인생을 느낀다오.
> 달콤한 입이 우리를 다정하게 바라보네. 우리에게 입맞춤을 선사한 바로 그 입술이.

독일의 문호 괴테가 73세의 나이에 19세의 소녀 울리케와 사랑에 빠져서 첫키스를 나눈 뒤 격정 속에서 쓴 시다. 남자는 죽을 때까지 남자고, 여자도 죽을 때까지 여자다. 인간은 평생 사랑하고 사랑받고 싶은 존재이다.

우리는 죽는 날까지도 아드레날린과 도파민이 주는 사랑의 느낌에 빠져들고 싶다. 그만큼 로맨틱한 사랑을 하려는 욕망을 갖고 있고, 그 욕망이 우리를 움직이게 한다. 짝을 찾아 나서게 하고, 매력적인 이성을 보면 행동을 취하게 만든다. 결국 로맨스는 우리에게 쾌감을 가져다준다. 사랑은 감정보다는 중독과 닮은 꼴이다. 우리는 사랑하는 사람에 중독된 것이다.

사랑은 두 뇌의 공명

사랑하는 사람이 웃으면 내 마음도 웃고, 그 사람이 아프면 내 마음도 아프다. 연인의 눈빛만 보아도 무슨 말을 하려는지 알 수 있다. 마치 내가 연인의 머릿속에 들어가 있는 것 같다. 사랑하는 사람과 함께하는 그 순간에 두 사람의 뇌도 같은 파장을 이루며 동조하는 걸까?

사실 두 연인이 대화를 나누는 동안 동시에 뇌 활동을 측정하는 것은 현실적으로 불가능하다. 뇌과학자들은 이 한계를 극복하기 위해 묘안을 짜냈다.[52]

자, 먼저 나의 연인이 자기공명영상 장치 속에서 자신의 사사로운 일상을 이야기한다. 그 이야기를 녹음하면서 동시에 뇌 활동을 측정한다. 이번에는 내가 자기공명영상 장치 속에 들어가 이어폰으로 연인의 이야기를 들으며 뇌 활동을 측정한다. 그런 다음, 두 사람의 뇌 활동이 동조하는 싱크 정도를 측정한다. 뇌 활동의 싱크율은 같은 뇌 영역이 같은 시간에 활동을 보이는지 측정하여 평가한다.

타인의 감정에 공감하고 의도를 알아차리는 뇌가 미러뉴런이라는 것은 잘 알려져 있다(1장 참조). 그러나 사랑하는 두 사람 사이에 동조하는 뇌영역은 비단 미러뉴런에 그치지 않았다. 연인의 뇌 공명은

204

미러뉴런보다 훨씬 광범위한 영역에서 일어났다. 두 뇌가 마치 왈츠를 추는 듯한 모습이다. 연인의 목소리만 들었을 뿐인데도 뇌가 공명한다는 것이 놀랍다.

연인이 아닌 다른 사람에게 같은 이야기를 듣게 하며 뇌 영상을 촬영해보았더니 뇌 공명은 현저히 떨어졌다. 상대의 이야기를 기억하는 정도도 낮았다. 또 공명이 있다 하더라도 대부분의 경우, 듣는 사람의 뇌 활동은 말하는 사람의 뇌 활동보다 1~2초 정도 늦었다. 화자가 리드하고 듣는 사람이 따라가는 탱고와 비슷했다.

이야기는, 말하는 사람의 것이다. 자신의 이야기를 자신의 언어에 담아 말하는 것이다. 경청하는 사람의 뇌 활동이 약간의 시간지체를 보이는 것은 어쩌면 당연한 일이다.

그러나 연인관계에서는 달랐다. 연인들의 뇌는 그런 시간지체가 거의 없었을 뿐 아니라, 놀랍게도 오히려 듣는 사람의 뇌 활동이 연인의 뇌 활동을 약간 앞섰다. 연인의 대화방식은 단순히 이야기를 따라가는 데 그치는 것이 아니라, 상대의 이야기를 앞서가며 예견하고 있었다. 짐작하고 공감하면서 연인이 무슨 말을 할지 미리 알아차리고 이야기를 앞서가는 것이다.

고통에 대한 반응을 본 연구도 비슷한 결과를 보여준다.[53] 자신이 고통 받는 상황들을 보여주며 실험 참가자의 뇌 활동을 측정해보았다. 예를 들면 무거운 물건이 자신의 발에 떨어지는 상황, 자기 손가락이 문 틈에 끼이는 상황들이다. 이때 실험 참가자의 뇌에서는 통증을 처리하는 곳, 특히 도피질이 활성화하였다. 같은 상황이 사랑하는 사람에게 일어났을 때 실험 참가자들의 뇌에서는 자신이 고통 받을 때와 똑같은 반응이 일어났다. 사랑하는 이의 고통은 나의 고통인 것이다. 사랑하는 사람이 아프면 나도 똑같이 아프고 잠 못 이룬다.

그러나 똑같은 고통이 감정적으로 무관한 타인에게 일어났을 때 도피질은 거의 흥분하지 않았고, 오히려 자신과 타인을 구분하고 거리를 두는 뇌가 활동하였다. 마치 타인의 고통이 내 것이 되는 걸 막기라도 하는 것처럼.

사랑하는 사람과의 대화는 두 뇌가 하나 되어 공연하는 연주다. 연인의 웃음과 열정과 의도를 서로 공유하면서, 서로 하나가 되는 감정을 느끼게 된다는 것을 의미한다. 하나의 감정이 두 사람의 뇌에 걸쳐 있는 것과도 같다. 대화 중에도 특히 감정적인 순간에 싱크율이 높았다. 누군가와 진정 연결되어 있다는 것은 같은 감정을 나누는 것이라 하겠다.

사랑하는 두 사람의 뇌는, 마치 서로의 뇌 파장을 거울로 비추듯이 공명하고 있다. 그것은 우리가 사랑하는 사람과의 대화에 몰입하고 빠져들게 되는 이유다. 또한 사랑하는 사람과의 대화에서 무한한 행복감을 느끼는 이유이기도 하다.

실연의 아픔이 극심하면 타이레놀을 복용하라

사랑하면 몸과 마음이 다 아프다

사랑에 빠질 때는 '바로 그 사람'을 만난 것 같다. 그러나 어떤 커플은 그 관계가 오래가지 못하기도 한다. 사랑하는 사람과 어쩔 수 없이 헤어져야 하는 아픔을 겪기도 한다. 사랑하는 사람을 떠나 보내면 마음이 아프다. 그런데 상심이 크면 몸까지 아프다. 속이 쓰리고 아프고, 손이 떨리고 저리기도 한다. 심지어 심장 근육이 상하는 심근병증이 생긴 경우도 있다(broken heart syndrome).[54] 거꾸로 말하면, 연인이 떠났을 때 몸과 마음이 아프면 진정 사랑했다고 할 수 있을 것이다.

사랑하는 사람을 잃으면 왜 마음을 넘어 몸까지 아플까? 정서적인 고통과 육체적인 고통이 뇌과학적으로 서로 연결되어 있을 가능성은 동물실험에서 우연히 제기되었다.[55] 강아지들이 엄마로부터 분리되면 불안감에 우는데, 소량의 모르핀을 투여받은 강아지들은 이런 고통을 훨씬 덜 호소하였다. 만약 마약성 진통제가 정서적인 괴로움을 조금이나마 덜어준다면, 사회적 관계에서의 고통과 육체적 고통이 뇌에서는 비슷한 식으로 처리되는 것은 아닐까 하고 생각해볼 수 있다.

인간은 육체적으로 고통을 받으면, 전대상회(anterior cingulate cortex)와 우측 복측 전전두엽(ventral prefrontal cortex)이 흥분한다. 전대상회는 고통에 대해 경고음을 울려주는 기능을 하고, 복측 전전두엽은 고통을 조절한다.

그렇다면 사회적인 관계에서 고통을 느끼는 뇌는 어디일까? 실험 참가자들을 자기공명영상 장치에 넣어 뇌를 촬영하면서 사이버볼(cyberball)이라는 가상 컴퓨터 게임을 하게 했다.[56] 그 게임에서는 다른 두 피험자도 함께 게임에 참여하는 것처럼 보이는데, 실제로는 그 두 사람은 컴퓨터가 미리 짜놓은 대로 움직이는 가상인물들이었다.

게임 중에 실제 피험자에게 놀이에서 암묵적으로 배제된 듯한 느낌을 경험하게 했다. 그는 다른 두 사람이 볼을 주고받으며 노는 것을 지켜봐야만 했는데, 기술적인 문제가 있어 어쩔 수 없이 게임에 끼지 못한다고 들었다. 한편, 아예 노골적인 왕따를 경험하게도 했다. 일곱 번 정도는 피험자와 볼을 주고받다가 이후의 마흔다섯 번은 가상인물들이 자기들끼리만 볼을 가지고 놀게 했다.

왕따를 당한 피험자들의 뇌는 육체적으로 고통 받을 때의 뇌와 매우 유사하였다. 암묵적인 왕따를 받을 때에는 전대상회가 흥분하였고 노골적인 왕따를 당할 때는 전대상회, 복측 전전두엽 모두 흥분하였다. 육체적인 고통과 사회적 관계에서의 고통은 그 근본이 비슷하다는 것을 알 수 있다.

육체적인 고통에는 두 가지 요소가 있다. 하나는 감각적인 요소인데, 이는 신체에 가해지는 손상에 대한 기본적인 정보다. 어디가 아픈지, 얼마나 아픈지가 여기에 해당한다. 다른 요소는 정서적인 요소로, 상처에 대한 주관적인 해석이다. 그 고통이 실제로 얼마나 괴로운지가 여기에 해당한다.

한편, 다른 연구에서는[57] 한때 사랑했던 연인의 사진을 보여주며 그(그녀)와 이별할 당시를 떠올리게 했다. 그와 비교하기 위해 그냥 친한 친구의 사진도 보여주었다. 그러고는 매우 뜨거운 열자극과 미지근한 자극을 팔에 갖다 대었다. 그랬더니 헤어진 연인의 사진을 볼 때와 매우 뜨거운 자극을 받았을 때, 놀랍게도 정서적인 아픔과 관련된 전대상회와 더불어 신체적인 통증과 관련된 감각피질과 뒤쪽 도피질도 같이 흥분하였다. (반면에 친구 사진을 볼 때와 미지근한 열 자극에는 이러한 반응이 나타나지 않았다.)

뇌는 연인과 헤어질 때의 고통과 육체적 고통을 거의 동일하게 취급한 셈이다. 사회적 관계의 아픔에도 정서적 요소뿐 아니라 감각적인 요소가 포함되어 있음을 알 수 있다.

그렇다면 육체적 통증을 완화하는 약물이 감정적인 괴로움을 더는 데 효과가 있을까? 타이레놀의 주성분인 아세트아미노펜은 가장 널리 쓰이는 진통제다. 실험 참가자들을 두 군으로 나누어, 한 군은

209

아세트아미노펜을 하루 두 번 3주간 복용하게 했고, 다른 군은 위약을 복용하게 했다.[58] 그리고 실험 참가자들에게 사이버볼 게임을 하게 하며 뇌영상을 촬영해보았다. 진통제 복용군은 게임에서 왕따를 당할 때에도 전대상회의 흥분 정도가 위약군보다 낮았다. 관계의 고통을 진통제가 완화시켜준 것이다.

사람들이 받는 스트레스의 가장 큰 원인은 관계에서 온다. 그중에서도 사랑하는 사람과의 이별이나, 부모나 자식과의 사별이야말로 표현할 수 없는 고통을 준다. 이별의 아픔이 너무 심할 때는 진통제를 먹어보는 것도 도움이 될 수 있다.

주위로부터 지지를 받는 사람들이 육체적 고통을 덜 호소한다. 여성 참가자들에게 6초간 열자극을 가하면서 어떤 여성들에게는 연인의 손을 잡게 했고, 다른 여성들은 낯선 이의 손을, 또 다른 여성들은 보통 물건을 잡게 했다.[59] 한편으로, 열자극을 받는 동안에 연인, 낯선 사람, 물건의 사진만 보게도 해보았다.

그 결과, 손을 잡았든 사진을 보았든 직간접적으로 연인과 접촉한 여성들은 다른 군에 비해 통증을 훨씬 약하게 느꼈다.

우리 뇌는 직접 본 것과 상상한 것을 구분하지 못한다. 고통스러울 때 사랑하는 사람의 얼굴을 떠올려보자. 조금이나마 고통을 덜 수 있을 것이다. 사랑은 고통도 주지만, 치유의 힘도 준다.

사랑의 유통기한을 늘리려면 함께 새로운 경험을 하라

영원히 사랑하는 법

가수 이문세는 〈옛사랑〉에서 "사랑이란 게 지겨울 때가 있지"라고 노래한다. 아무리 뜨거웠던 사랑도 식게 마련이다. 사랑을 시작할 때는 영원할 것 같지만 대부분의 사랑은 그렇지 않다. 그런데 왜 사랑은 식게 마련일까? 사랑에 유효기간이 왜 있을까?

남녀의 로맨틱한 사랑이 흐지부지될지 아니면 오랜 연인관계로 남을지 예측할 수 있는 방법이 있다. 사랑에 빠진 남녀들에게 각자 연인의 사진을 보게 하며 뇌영상을 촬영했다.[60] 3년 뒤에도 여전히 연인관계를 유지한 사람들과 그러지 못한 사람들의 뇌는 어떻게 달랐을까?

연인관계를 유지한 참가자는, 연인을 생각할 때 꼬리핵의 꼬리

부분의 흥분 정도가 높았다. 이 부분은 시각적인 아름다움에 대해 감정적인 반응을 일으키는 곳이다. 한편, 전두엽의 일부는 덜 활동하였다. 즉, 연인에 대해 이성적인 비판을 덜 하는 커플들이 관계를 더 오래 지속하였다. 눈에 콩깍지가 오래 씌워 있을수록 관계는 오래가는 법이다.

그렇더라도, 인생의 황혼기까지 수십 년을 함께했으면서도 갓 사랑에 빠진 연인들처럼 사랑하는 커플을 보면 미스터리다. 그들의 뇌는 어떠할까? 놀랍게도 (아니 놀랍지 않게도) 그들의 뇌는 막 로맨스에 빠진 연인들의 뇌와 크게 다르지 않았다.[61] 특히 동기, 갈망, 보상에 관여하는 뇌의 활동은 갓 사랑에 빠진 연인들과 거의 같았다. 또한 도파민 공장인 복측피개영역의 활동이 또래의 다른 노년커플들보다 높았다.

로맨스의 열정을 수십 년간 유지하는 것은 결코 이해할 수 없는 수수께끼 같다. 그러나 이 뇌영상의 결과는 행복한 사랑을 유지하기 위해 뇌에 필요한 것이 무엇인지 단서를 포착할 수 있게 해준다.

로맨스를 생생하게 유지하는 방법은 뇌의 보상회로를 계속 자극하는 것이다. 로맨스가 끝나는 것은 결국 쾌감이 끝나 더 이상 동기부여가 되지 않아서이다. 뇌의 보상센터는 새로움과 변화를 좋아한다. 마약 중독자들이 더 많은 양의 마약을 원하는 것과 마찬가지다. 새로운 경험이 뇌에서 도파민을 분비시켜 보상과 쾌감센터를 적신다. 처음 사랑에 빠졌던 때를 떠올려보자. 새로움은 뇌를 항상 살아 있게 만드는 중요한 요소이다. 연애를 지속하는 데도 마찬가지다.

로맨스를 지속하는 구체적인 방법들을 살펴보자. 사랑하는 이와 함께 새로운 경험을 만들어보는 것이 가장 좋다. 공통의 관심사를 찾아 새로운 것을 함께 배우는 것도 하나의 방법이다. 춤이나 노래, 악기, 그림, 운동 등 새로운 것은 모두 도움이 된다. 부부인 경우, 자녀들을 집에 두고 둘이서만 밖에 나가 데이트를 해보자. 또, 다른 커플들과 밖에서 자주 어울려보자. 이런 커플들이 행복하고 만족스러운 관계를 유지하는 경향이 높다.

다만 그저 그런 뻔한 데이트는 크게 도움이 안 된다. 중요한 것은, 단조로운 일상을 깨고 새로움을 찾는 것이다. 나이와 상관없이 데이트는 재미와 흥분이 있어야 한다. 젊은 커플이라도 늘 하던 대로 저녁 먹고 영화 보고 차 마시고 헤어지는 일을 반복하면 열정이 사라진다. 열정이 없어지니 하던 식으로 반복하게 되고, 새로움이 없으니 쾌감도 보상도 점점 줄어드는 악순환의 고리에 들어가고 만다.

사랑의 묘약 중에서 단 하나의 묘약을 고르라면 주저 없이 도파민을 선택하겠다. 도파민은 허니문 관계를 오래도록 생생하게 유지시켜주는 핵심 호르몬이라 할 수 있다. 같이 있으면 좋고, 그러니까 또 같이 있고 싶고, 떨어져 있으면 보고 싶어 미칠 것 같고, 그래서 만나서 함께 있으면 또 좋고, 그래서 또 같이 있고 싶고…… 이것이야말로 행복의 극치이다.

이렇게 행복과 달콤함이 끊임없이 계속되는 '단순함'. 그것이 영원한 사랑의 비밀이 아닐까? 사랑, 그것은 사람을 움직이게 하는 가장 놀라운 에너지원이고, 행복을 주는 지상 최고의 묘약이다.

7장

내가 원하고 좋아하는 것이 나를 기쁘게 한다

Craughing : crying+laughing

욕망은 뇌에 새겨진다. 좋은 욕망을 상상하라

고양이에 중독된 쥐

'톡소플라즈마 곤디(toxoplasma gondii)'라는 단세포(protozoan) 기생충이 있다. 그런데 이 기생충이 쥐의 피부에 접촉하여 뇌 속으로 들어가 번식을 하면 쥐의 행동이 변한다. 평소 고양이 냄새를 맡으면 허겁지겁 피하던 쥐가 고양이 냄새에 성적으로 흥분하게 되는 것이다.

쥐가 자신의 천적인 고양이와 사랑에 빠지다니, 대체 어떤 일이 일어난 것일까? 톡소플라즈마 곤디라는 기생충이 쥐의 뇌를 조종한 것은 아닐까?

음식물을 섭취하면 음식물 속에 함유된 타이로신이 체내에서 도파민이라는 물질로 대사된다. 타이로신을 도파민으로 바꿔주는 가

217

장 중요한 효소가 바로 '타이로신 베타 하이드록실라제'이다. 톡소플라즈마 곤디는 바로 이 효소의 작용을 강화한다.

결과적으로 기생충에 감염된 쥐의 뇌세포에서 도파민 양이 3배나 높았다. 뇌 속 도파민이 상승하여 쥐가 고양이에 중독된 것이다. 톡소플라즈마에 감염된 쥐는 고양이를 피하기는커녕 마치 자신의 이상형이라도 만난 것처럼 고양이에게 다가간다. 결국 쥐는 고양이의 먹이가 되고 만다.

그런데 이런 일련의 과정이 우연한 것일까? 혹시 영리한 기생충이 쥐의 뇌를 징검다리 삼아 쥐보다는 더 나은 고양이로 숙주를 갈아탄 것은 아닐까? 그렇다면 결국 쥐는 자신을 희생시켜 톡소플라즈마의 생존을 도운 셈이다.[62]

오르가슴에 빠진 뇌

1969년 미국 플로리다에 있는 신경과 의사가 특이한 여성 환자를 미국 신경과학회지에 보고했다.[63] 그 여인은 성적 욕망을 주체할 길이 없어 가슴을 치며 남편에게 제발 자신을 만족시켜달라고 애원했다고 한다. 그러다 경련을 일으켜 의식을 잃곤 했는데, 자신의 행동을 기억하지 못했다. 그녀의 병명은 뇌전증(간질)이었다.

2004년, 대만의 의사들도 한 여인을 학회지에 보고했다.[64] 그녀는 양치질할 때 오르가슴이 온몸을 휩쓸고 지나간다고 한다. 그녀는 이 사실을 부끄럽게 여겨 여러 해 동안 숨겨왔으나, 결국 경련으로 의식을 잃는 일이 반복되면서 세상에 드러나게 되었다.

뇌전증은 뇌의 일부에서 시작된 전기적 발작이 그 주변이나 뇌 전체로 퍼지는 병이다. 국소적인 뇌의 발작이 성적 욕망에서부터 절정까지 유발한다는 사실이 놀랍다. 성행위 없이 저절로 오르가슴을 느끼는 증례들의 80%가 측두엽 뇌전증이었다. 측두엽은 관자놀이 쪽에 위치한 대뇌겉질로서, 감정의 뇌인 변연계와 가장 긴밀히 연결되어 있다.

성적인 흥분에서 오르가슴에 이르기까지 뇌에서는 어떤 과정이 일어날까? 이 은밀한 욕망과 쾌감이 뇌의 어느 곳에서 일어나는지 보려면 기능적 자기공명영상 장치를 이용할 수 있다. 그러나 실험 참가자가 영상기계장치 속에서 오르가슴을 느끼기란 쉬운 일이 아니다. 그것이 가능한 여인들을 상대로 대담한 실험을 했는데, 오르가슴을 느낄 때 뇌의 80여 곳 이상이 흥분하였다.[65]

가장 먼저 흥분하는 곳은 성기에 해당하는 감각피질이었다. 다음에 도피질과 전대상회가 흥분한다. 이곳은 오르가슴뿐 아니라 통증에도 관여한다. 사실 절정에 다다른 여인의 얼굴과 통증을 느끼는 얼굴은 구분하기 힘들 때가 있다. 다음은 역시 편도체였다. 편도체는 실제로 모든 감정에 관여하는 곳이라고 해도 과언이 아니다. 부정적인 감정뿐 아니라 강렬한 긍정적 감정에도 관여한다.

다음은 기억의 저장소인 해마다. 이곳에서 시각이나 후각적 자극을 과거의 경험이나 성적 판타지와 연관시킨다. 해마는 뇌전증의 초

점이 되기도 한다. 사실 뇌전증의 경련과 오르가슴은 유사한 점이 있다. 동시에 뇌의 여러 영역이 흥분한다는 점도 비슷하다.

이제 운동기능과 근육긴장에 관여하는 뇌 부위로 넘어간다. 다음은 시상하부, 이곳에서 사랑호르몬인 옥시토신이 분비된다. 마지막으로 쾌감센터가 켜진다. 절정이 최고조에 이를 때 쾌감센터인 측좌핵(nucleus accumbens)과 복측피개영역(ventral tegmental area)이 크게 흥분하고, 이곳에서 도파민이 대량 분비된다.

한바탕 이렇게 폭풍이 휘몰아치고 나면 뇌는 잠잠해진다.

영화 〈해리가 샐리를 만났을 때〉에서 샐리(멕 라이언)가 식당에서 오르가슴을 흉내 내는 명장면이 있다. 여성들은 오르가슴에 다다른 척 파트너를 속일 수 있다. 가짜 오르가슴을 흉내 낼 때 여성의 뇌는 어땠을까? 운동기능을 조절하는 뇌영역들만이 주로 활동하였다. 실제 오르가슴을 느낀 여성의 뇌와 분명 달랐던 것이다.

뇌는 거짓말을 못 한다.

———

성욕은 사랑과 어떻게 다를까?

———

성적 욕망에 사로잡힌 뇌와, 사랑에 빠진 뇌는 어떻게 다를까? 실험 참자들에게 성적인 사진이나 연인의 사진을 보여주며 뇌 활동을 측정한 연구들에 따르면,[66] 성욕과 사랑의 뇌는 공히 도피질과 줄무늬체(striatum)에 존재하였다. 도피질은 측두엽과 전두엽 사이에 깊숙이 섬

220

처럼 접힌 대뇌피질이다. 줄무늬체는 기저핵(basal ganglia)의 일부로 도 피질 근처에 위치한다.

그런데 성욕에 의해 흥분한 줄무늬체 부위가 사랑의 경우와 는 미묘한 차이가 있었다. 성욕에 의해 흥분된 곳은 우리가 쾌감을 느 끼면 흥분되는 곳과 동일했다. 한편, 연인을 보고 사랑을 느낄 때 흥분 한 부위는 보상이 조건화되는 과정이 일어나는 곳이었다. 이렇게 보 면, 성적 욕망으로 인한 쾌감이 계속 보상을 받으면서 사랑으로 발전 하는 것 같다. 어쨌든 사랑은 욕망에서 성장한다.

또 놀라운 사실은, 사랑에 관련된 줄무늬체는 마약중독과도 관련된 부위이다. 마약에서 쾌감과 보상을 얻은 사람은 계속 마약을 찾게 된다. 실제로 사랑은 일종의 습관이다. 성적 욕망이 보상받으면 서 계속 성적 욕망을 갈구하는 습관 같은 것이다. 마약에서 쾌감을 얻 어 마약이 습관이 된 것처럼.

우리는 성적 욕망, 사랑, 중독에 다른 의미를 부여하고 다른 언어를 입혔다. 그러나 뇌의 입장에서 보자면 그 셋은 비슷한 곳에서 처리되는 쌍둥이 같은 감정과 행동들이다. 이렇게 본다면 '첫눈에 사 랑에 빠졌다'라는 말은 과장된 표현 같다. 처음에는 욕망을 느꼈고 쾌 감이라는 보상으로 이어져 습관으로 자리잡으면서 사랑으로 성숙한 것이 아닐까?

뇌의 G스팟

1954년 캐나다 맥길 대학교의 제임스 올즈(James Olds)와 피터 밀너(Peter Milner)는 뇌의 어떤 부위가 전기자극을 받으면 불쾌감을 유발하는지 연구하고 있었다.[67]

쥐가 상자의 한쪽 구석으로 가면 뇌 부위에 전기자극이 가해졌다. 올즈는 전기자극이 불쾌감을 일으킨다면 쥐가 그쪽 구석으로 다시는 가지 않을 것이라고 가정했다. 그러나 정반대 현상이 벌어졌다.

첫 번째 자극 후 쥐는 곧바로 그쪽 구석으로 다시 갔다. 두 번째 자극 후에는 더 빨리 그곳을 찾았다. 나중에는 쥐가 스스로 레버를 눌러 전기자극을 받게 하였다. 그랬더니 한 시간 동안 무려 700번이나 레버를 눌렀다. 심지어 음식과 물은 쳐다보지도 않고 기진맥진해 죽을 때까지 레버를 누른 쥐도 있었다.

대체 그곳이 어디기에 식음을 전폐하고 탐닉할 정도로 좋았던 것일까? 올즈와 밀너가 우연히 발견한 이곳은 바로 쾌감중추인 측좌핵이었다.

1960년대 뉴올리언즈 튤레인 대학교의 정신과 의사인 로버트 히스(Robert Heath) 박사는 올즈와 밀너의 실험을 인체에 적용해보았다.[68] 그는 정신질환자들 뇌의 보상회로를 전기로 자극하여 그들을 쾌감에 푹 젖게 함으로써 우울증, 정신분열증, 통증, 자살충동을 치료하고 싶었다. 사실 히스 박사는, 인간도 올즈와 밀너가 실험했던 쥐들과

222

같은 반응을 보이는지 궁금했다. 어땠을까?

　　결과는 사람도 마찬가지였다. 그들 역시 전기자극을 받았을 때 쾌감에 몸을 떨었다. 어떤 실험 참가자는 실험자의 손을 잡으며 자극을 멈추지 말라고 애원할 정도였다고 한다. 스스로 자극할 수 있도록 제어기를 주었더니 천 번이나 연속으로 누르기도 했다. 가히 '뇌의 G스팟'이라 할 만했다.

　　마약, 도박, 섹스 등 쾌감을 주는 것은 모두 보상회로를 자극한다. 한번 맛을 보면 곧 다시 하고픈 마음이 생긴다. 보상회로가 발동하면 측좌핵과 복측피개영역으로부터 도파민 분비가 촉진된다. 이제 뇌는 '어! 이거 좋은데? 또 해볼까?'라고 해석한다.

　　도파민 수치가 올라가면 도파민 상승을 계속 부채질한다. 뇌는 '잘하고 있어. 계속해'라며 격려의 신호를 보낸다. 뇌는 점점 더 많은 양의 도파민을 원하게 된다. 뇌에 쾌감을 준 추억과 습관은 고스란히 우리 뇌 속에 저장되어 있다. 보상회로를 자극한 즐거웠던 사건을 뇌는 기억하고 그 일을 반복하려는 동기가 생긴다.

　　뇌는 우리가 가장 많이 사용하는 회로가 유용한 것이라 판단하고 그 회로를 강화한다. 특정한 행동을 자주 하면, 그것이 무엇이든, 이로운 것이든 해로운 것이든 상관없이 그 행동을 더 자주 하게 만든다. 이렇게 일단 습관이 형성되면 뇌의 신경활동 패턴이 변한다.

　　우리 뇌는 직접 본 것과 상상한 것을 구분하지 못한다. 마약 중독자들은 마약을 상상하는 것만으로도 뇌의 쾌감중추가 흥분한다. 좋은 욕망을 상상하자. 원하는 것을 시각화하자. 하고 싶은 일을 구체적으로 떠올려보자. 밤에 잠들기 직전, 또 아침 잠에서 깨기 전 눈을 감고 원하는 것을 상상해보자. 잠들기 직전 상상한 것을 뇌는 수면 중에 견고하게 만든다. 아침에 도파민이 왕성할 때 원하는 것, 하고 싶은 일을 상상하여 동기를 강하게 부여한다.

상상만으로도 뇌는 즐겁고, 그 욕망은 뇌에 새겨진다. 뇌에 반복적으로 강하게 새겨진 욕망은 실행으로 옮겨질 가능성이 크다.

자신에게 줄 보상리스트 만들기

뇌에 쾌감을 주는 방법에는 어떤 것들이 있을까? 뇌는 새로운 경험을 좋아한다. 세계 지도를 펴놓고 가고 싶은 곳을 찾아보고, 그곳을 구체적으로 검색하고 여행 계획을 세워보자. 그곳의 거리와 풍경, 사람들을 상상해보자. 인간은 근본적으로 탐험가다. 바쁘게 출근할 때가 아니라면 가능한 한 자주 평소에 다니지 않던 다른 길로 운전해서 가보자. 단 GPS를 사용하지 않고, 지름길이 아니라 빙빙 둘러 목적지에 도착해보기도 한다.

또 사소한 것이라도 새로운 것에 도전해보자. 새로운 요리, 새로운 장르의 음악 듣기, 새로운 것 수집하기, 새로운 학문 배우기, 외국어 배우기, 시간을 정해 인터넷으로 서핑하면서 새 관심분야나 아이템 수집하기 등 새로운 것은 모두 뇌를 자극한다.

새로운 것에 도전하는 시도 못지않게 중요한 일은 성취감을 맛보는 것이다. 장기적인 목표는 크게 세우되, 실제 작업 목표는 잘게 나누어 단기적인 작은 과제를 달성해보자. 너무 거대하거나 심한 압박을 주는 업무는 데드라인이 급하지 않다면 뒤로 미룬다. 그 대신 중요하면서도 수월한 업무를 완수하여 성취감을 느껴보자.

하루에 하나씩 작은 성취감을 맛보는 것도 필요하다. 며칠 동안 연속으로 작은 목표를 달성하였는지 기록하는 것도 성취감을 높이는 데 도움이 된다. 뇌에 최면을 걸어 생산성을 높이는 방법인 것이다. 성취감을 느끼면 뇌에서는 도파민이 분비된다.

성취했다면 작은 것이라도 의미 있게 기록하고 반드시 스스로에게 보상을 주자. 작은 성취라고 소홀히 대하지 말자. 기대감을 높이기 위해 미리 보상리스트를 적어보는 것도 좋다. 성취와 보상에 대한 기대감만으로도 우리 뇌에서는 도파민이 분비되고 생활에 에너지가 생긴다.

원하면서도 좋아하는 것의 리스트를 만들어라

원함 대 좋아함

욕망의 자극제는 '비어 있음, 공허함(emptiness)'이다. 먹고자 하는 욕구는 배고픔에서 비롯되고, 누군가 사귀고 싶은 욕구는 곁에 친구가 없기 때문이다. 이러한 공허함이 그 빈 공간을 채우도록 나를 재촉하고 행동으로 이끄는 것이다.

배가 고파서 음식을 먹을 때, 우리는 우리 몸이 음식을 '원해서 (갈망해서)' 먹는다. 그런데 한편, 맛있는 음식을 먹을 때 우리는 그 음식이 '좋아서' 먹기도 한다. 음식의 맛과 향, 차려진 모습에서 즐거움을 얻는다. 우리가 어떤 대상을 좋아하면 그것을 원하게 되고, 우리가 무언가를 원하면 그것을 좋아하기 때문이라고 생각한다. '좋아함'과 '원

226

함'은 동전의 양면처럼 하나의 실체를 가리키는 서로 다른 표현인 것처럼 보인다.

그러나 우리가 무언가를 원한다고 해서 그것이 반드시 우리가 좋아하는 것이라고 말할 수 있을까? 뇌과학적으로 볼 때 '원함(wanting)'과 '좋아함(liking)'은 어떻게 다를까?

뇌의 보상센터와 도파민이 쾌감에 관여하는 것은 명백해 보였다. 담배나 마약, 술과 같은 부정적이고 자극적인 것뿐 아니라 맛있는 식사와 건전한 섹스, 칭찬이나 돈벌이와 같은 즐거움도 보상회로를 거친다. 우리가 상상할 수 있는 모든 쾌감이 같은 회로에 작용한다고 보면 된다. 보상회로의 기능은 의심의 여지가 없었다.

그러나 이에 의구심을 가진 과학자가 있었다. 바로 미시건 대학의 켄트 베리지(Kent Berridge) 교수였다. 그는 쥐들의 표정을 읽을 수 있는 과학자였다. 그는 쥐들이 설탕물을 마셨을 때 행복한 표정을 짓고, 쓴 물을 마셨을 땐 혐오스런 표정이 나타나는 것을 볼 수 있었다. 베리지 교수는 도파민 분비를 억제하는 약물을 쥐들에게 한번 투여해보았다. 이론적으로는 도파민 없이는 쾌감도 없으므로 쥐들이 아무리 설탕물을 마시더라도 행복한 표정을 보이지 않을 것이다. 그러나 쥐들은 여전히 설탕물에 행복해했다.

실험이 잘못된 것이라 여길 수도 있겠지만, 베리지 교수는 오히려 한 걸음 더 나아갔다. 그는 이번에는 신경독소로 도파민을 생성하는 세포의 싹을 아예 잘라버렸다. 이렇게 되면 동물들은 먹기를 중단한다. 누군가 음식을 억지로 먹이지 않는 한 동물들은 굶어 죽을 때까지 음식에 손을 대지 않는다.

이전까지 학자들은 쥐들이 도파민 결핍으로 음식을 '좋아하지' 않아서라고 생각했다. 그런데 베리지 교수가 이 쥐들에게 억지로 설탕물을 먹여보았더니 그들의 얼굴 표정 역시 행복했다.[69] 도파민 없이도 쾌감을 느낄 수 있다니 이게 어찌 된 영문인가?

베리지 교수는 히스 교수의 연구를 다시 들여다보았다. 뇌에 전기자극 받은 환자들의 말을 찬찬히 살펴보았다. 그들은 기분이 좋다고 하면서 더 많은 전기자극을 '원했다'. 그들은 각성과 섹스의 욕망을 느낀다고 했고, 갈증이 없는데도 물을 마시고 싶다고 했다. 이것이 과연 쾌감(pleasure)인가? 오히려 갈망(desire)에 더 가깝지 않은가?

도파민이 없는 쥐들도 설탕물의 단맛을 '좋아'했다. 다만 그들은 음식을 '원하지' 않았을 뿐이다. 따라서 도파민 시스템은 '좋아하는' 감정을 매개하는 쾌감센터보다는, 오히려 무언가를 '원하는' 갈망센터에 더 가깝다고 보아야 하지 않을까? 심리학적으로 보상(reward)이란 단어도 어떤 행동을 반복하게끔 강화하는 과정을 의미한다. 그러나 보상과 쾌감이 항상 동반하는 것은 아니다. 쾌감이 동반되지 않고서도 특정 행동은 강화될 수도 있다.

원하면서도 좋아하는 것

대상을 갈망하면서도 그것을 통해 지속적인 쾌감을 얻을 수는 없을까? 간단히 말하자면, 내가 '원하는 것'과 '좋아하는 것'이 일치할 때 공허함을 채우면서 동시에 쾌감을 얻을 수 있다. 내가 어떤 것을 갈망할 때 그것이 진정 내가 좋아하는 것인지 스스로에게 물어보아야 한다.

다음 두 표현 중 어느 것이 맞는가?
- 꿀이 달콤해서 나는 꿀을 좋아한다(I like honey because it is sweet.)
- 내가 꿀을 좋아하기 때문에 꿀은 달콤하다(Honey is sweet because I like it.)

우리의 자동적인 사고방식으로는 당연히 첫 문장이 옳다. 그러나 철학자 대니얼 데닛(Daniel Dennett) 교수는 '꿀이 왜 달콤할까?'를 곰곰이 생각해보자고 말한다. 꿀에 내재된 특성 중 '달콤한' 그 무엇이 있는가? 꿀의 화학성분인 '포도당'의 구조를 아무리 보아도 그 안에서 '달콤함'을 찾을 수 없다. 포도당과 '달콤함'은 사실 아무런 관련이 없다. 꿀이 우리 입맛을 즐겁게 해주었기 때문에, 우리는 그것에 의미를 부여하고 '달콤하다(sweet)'라는 언어를 입힌 것이다.

비록 포도당 성분이 없고 단맛이 없을지라도, 내가 좋아하는 대상은 사람이든 물건이든 모두 달콤하다. 또 우리에게 달콤한 존재는 저마다 다르다. '내가' 좋아하는 것이 나를 기쁘게 해준다. 남이 좋아하는 것이 아니라 내가 좋아하는 것을 선택해야 한다. 우리가 무엇을 먹을지 무슨 일을 할지 선택하는 문제도 우리의 쾌감을 극대화하기 위한 것이다. 우리가 자유로운 선택을 할 수 있을 때 결국 우리는 좋아하는 것을 택한다. 타인의 기준이나 세상이 정한 순위가 아니라, 진정 내 마음을 떨리게 하는 독창적인 것을 찾아야 한다.

원하면서 동시에 좋아하는 것들의 리스트를 적어보자. 내가 갈망하면서도 그것을 통해 지속적인 쾌감을 얻을 수 있는 것을 찾아보자. 내가 어떤 것을 갈망할 때 그것이 진정 내가 좋아하는 것인지 스스로에게 물어보자. 그 생각만 하면 가슴부터 뛰는 그 무엇, 취미나 기호품을 가지는 것도 좋다. 좋아하는 취미를 통해 몰입을 경험해보자. 몰입의 대상이 사진, 목공예, 차수리, 집수리, 글, 그림, 댄스, 공예 등 무엇이 됐든 자신을 표현하는 수단이면 더할 나위 없이 좋겠다.

가슴이 원하는 바를 따르자. 내가 진정 원하고 좋아하는 일을 찾게 되면 내 삶이 열정적으로 변한다. 그저 새벽형 인간이 된다고 삶이 바뀌진 않는다. 내가 좋아하는 것을 성취하고자 하는 열정이 있다면 새벽에 저절로 눈이 떠진다.

'나만의 욕구 지도'를 그려라

인간의 16가지 기본적인 욕구

철학자 토머스 홉스는 인간의 모든 행동은 쾌감을 위한 욕구에서 비롯된다고 말했다. 인간의 의사도 결국 고통을 피하고 쾌감을 추구하는 방향으로 결정된다.

매슬로우는 인간에겐 공통적으로 존재하는 다섯 가지 기본적인 욕구가 있다고 했다. 그 욕구들은 피라미드처럼 위계를 이루고 있어 하위욕구가 충족되면 상위욕구가 충족될 수 있다는 전제를 바탕으로 한다. 기본적인 하위욕구는 생리적 욕구와 안전의 욕구이며, 상위욕구는 소속감과 애정의 사회적 욕구, 존경받고자 하는 욕구, 자아실현의 욕구이다.

생리적 욕구는 의식주의 욕구이며, 안전의 욕구는 신체적·감정적 안전을 추구하는 욕구이다. 사회적 욕구는 가정, 직장, 공동체 등 집단 속에 소속되어 인정받고 싶은 욕구이다. 존경의 욕구는 내적 성취감(자기만족)과 외적 성취감(타인의 인정과 존경)의 욕구이다. 자아실현의 욕구는 지속적인 자기계발을 통한 자기발전과 자아완성의 욕구이다.

인간이라면 누구나 기본적인 욕구를 가지고 있다 하겠다. 그러나 사람은 저마다 독특하여 자신을 행복하게 만드는 것은 모두 다르다. 어떤 사람에겐 경쟁과 승리, 부가 행복을 가져다주지만, 어떤 이에게는 유능감이나 사회적 유대관계가 행복을 준다. 어떤 욕구를 더 중요하게 생각하느냐, 그 욕구를 표현하기 위해 어떤 행동을 하느냐는 사람마다 다르다.

미국 오하이오주립대 심리학과 스티븐 라이스(Steven Reiss) 교수는 6천 명 이상의 사람들을 대상으로 조사한 결과 16가지 내적 동기를 발견했다.[70] 이 16가지 욕구가 우리의 일상적인 행동을 구동한다. 그 욕구들 중에서 어디에 우선순위를 두느냐에 따라 '내가 누구인가?(Who am I?)'가 결정된다고 그는 주장한다. 우리가 저마다 고유하고 독특한 이유는 바로 이 욕구들의 우선순위에 따른다는 것이다.

그 16가지 욕구는 다음과 같다.

- 수용(Acceptance): 인정받고자 하는 욕구
- 호기심(Curiosity): 생각하고자 하는 욕구
- 먹는 것(Eating): 음식에 대한 욕구

- 가족(Family): 자녀를 부양하고자 하는 욕구
- 명예(Honor): 전통적 가치에 충직하고자 하는 욕구
- 이상주의(Idealism): 사회적 정의에 대한 욕구
- 독립, 자율(Independence): 개성에 대한 욕구
- 질서(Order): 체계적·안정적·예측 가능한 환경에 대한 욕구
- 신체적 활동(Physical Activity): 운동에 대한 욕구
- 힘(Power): 영향력을 가지고자 하는 욕구
- 로맨스(Romance): 섹스에 대한 욕구
- 절약(Saving): 수집하고자 하는 욕구
- 사회적 접촉(Social Contact): 친구에 대한 욕구
- 지위(Status): 사회적 지위와 중요성에 대한 욕구
- 평온(Tranquility): 안전에 대한 욕구
- 복수(Vengeance): 앙갚음에 대한 욕구

욕구 프로필이 바로 나 자신

중요한 점은, 어떤 욕구가 다른 욕구보다 우월하거나 열등하다고 말할 수 없다는 것이다. '좋은 욕구', '나쁜 욕구'라고 딱지를 붙이는 것도 잘못된 일이다. 또한, 개인은 여러 욕구들의 총집합체이다. 사람을 한 단어로 표현할 수 없듯이, 어느 한 가지 욕구나 가치로 묘사할 수 없다.

개개인은 각 욕구마다 연속선상의 한 점을 차지할 것이다. 욕구가 전혀 없다면 0이고 매우 강하다면 100이라고 할 수 있다. 명예의 욕구를 예로 들어보자. 모든 사람은 명예를 중요하게 생각한다. 그러나 "명예를 지키지 못할 바에는 죽는 게 낫겠다"라는 말에 동의하는 정도는 사람마다 다르다. 또 누구나 복수와 앙갚음의 욕구를 가지고 있다. 그러나 복수의 욕구가 강한 사람은 복수를 위해서는 무엇이라도 할 참이다. 복수의 욕구가 약한 사람이라면 그건 복수할 가치가 없는 일이고, 상대방은 언젠가 응분의 대가를 치를 것이라며 합리화한다.

따라서 개인은 16가지 차원에서 각각 하나의 점수를 가지게 된다. 그 점수가 개개인의 고유한 욕구 프로필이라고 해도 되겠다. 마치 개인이 고유의 유전자 코드를 갖고 있듯이 말이다. 그 점수가 우리의 의사결정과 행동에 영향을 미치고 결국 삶의 가치와 '나는 누구인가'를 결정한다.

내게 좋은 것이라면 모든 사람에게도 좋을 것이라는 생각은 잘못된 것이다. 일 중독자를 볼 때 우리는 이런 생각을 하기 쉽다.

'저 사람이 일을 좀 덜 했다면 더 행복해질 수 있을 텐데…….'

그러나 일 중독자는 그들 나름의 모습 그대로 이미 행복할지 모른다. 일 중독자는 자기 삶에 무슨 문제가 있어서 일에 빠져 사는 것이 아니라, 영향력과 지위에 대한 강한 욕구가 있기 때문이다.

또한, 어린이라면 당연히 호기심이 많을 것이라는 생각도 옳지 않다. 아이가 호기심이 별로 없다면 호기심을 많이 가지라고 부모가 아이를 채근할지도 모른다. 그런 식의 강요는 부모와 아이와의 관계만

나쁘게 할 뿐이다. 일반적으로 욕구는 유전적이고 기질적인 경향이 많으므로 아이가 크게 달라지지 않는다는 게 라이스 교수의 주장이다. 오히려 부모의 기대를 줄이고 다른 길을 모색하는 편이 낫다.

개인의 차이를 받아들이지 못하면 가정이나 직장에서 문제가 발생한다. 내가 원하는 방향으로 상대방을 변화시키기 위해 쓸데없는 노력을 기울이게 되고 관계만 틀어지게 된다.

그러기보다는 개개인의 욕구가 사람마다 매우 다르다는 사실을 인정하고 시작하자. 그러면 타인을 판단하려 하지 않고 받아들이게 된다. 상대방이 왜 그런 행동을 하는지 공감도 할 수 있다. 개인의 차이를 인정함으로써 우리는 서로 연결되어 있으면서도 서로 유일무이하다는 것을 깨닫게 된다. 생각해보면 개개인의 인생관의 차이라는 것도 사실은 여러 가지 욕구와 감정을 어떻게 받아들이고 어떻게 표현해나가느냐 하는 기준의 차이 혹은 개인적 취향의 차이에 불과할지 모른다.

우리가 마음의 고통을 받는 이유는, 내가 원하는 삶이 현실의 삶과 괴리가 있기 때문이다. 그러나 그에 앞서, 과연 내가 진정 원하는 것이 무엇인지 제대로 알고 살아가고 있는가? 먼저 나 자신의 욕구를 바로 이해하도록 노력하자. 날을 정해 조용한 장소를 찾아서 자신의 욕구를 들여다보자. 그리고 자신의 욕구 우선순위를 적어서 자신만의 욕구지도를 그려보자. 나는 어떤 사람인지 어디에서 만족감을 얻는지 무엇에서 어떻게 행복을 느끼는지를 짐작할 수 있다.

그것은 내가 진정 원하는 것이 무엇인지 찾아가는 과정이다. 내 행동의 동기를 이해하고, 나를 알아가는 과정이기도 하다.

1년 후 죽는다면?
가장 하고 싶은 것을 먼저 실행하라

Before I die I love to

내가 진정 원하는 것이 무엇이지 명확하게 다가오지 않을 때가 많다. 우리는 삶이 유한하다는 걸 알지만, 마치 우리 삶이 영원한 듯 하루하루를 살고 있다. 엄밀히 말하면 점점 죽음에 다가가고 있는데 말이다. 지금 내 삶의 끝이 어디인지 알 수 있다면 내가 그때까지 하고 싶은 일은 무엇인가? 내 삶이 유한하다는 것을 실감하는 순간 내가 무엇을 하고 싶은지 보다 명확해진다.

미국 뉴올리언스에 있는 예술가 캔디 창(Candy Chang)은 사랑하는 사람을 잃은 후 기나긴 슬픔과 좌절의 시간을 겪었다. 그 과정에서 죽음에 대해 깊이 생각하게 되었다. '삶은 무엇인가? 가장 중요한 것은 무엇인가?'라는 질문으로 이어졌고, 이것이 그녀의 삶을 변화시켰다.

그녀는 이웃사람들과도 서로의 꿈을 공유하길 원했다. 그녀는 자신의 집 근처에 있는 폐가의 외벽을 녹색 칠판으로 만들고 "Before I die I want to _____"라는 문장을 썼다. 지나가는 사람은 누구든 직접 뒷부분을 채울 수 있게 분필을 걸어두었다. 사람들은 이 질문 앞에서 심사숙고를 하고 자신의 내밀한 꿈을 남들에게 공개하는 것이다. 이것이 'Before I die' 프로젝트의 시작이었다. (뇌과학적으로 보자면 I want to보다 I love to가 더 적절하겠다.)

이 시도의 결과는 예상 밖이었다. 다음 날 빈칸은 형형색색의 글로 가득 채워졌고 칠판의 여백까지 많은 사람들의 꿈으로 뒤덮였다. 그 꿈들은 '나무를 심고 싶다', '그녀를 한 번 더 안아주고 싶다', '내 딸의 졸업식을 보고 싶다', '온전히 나 자신이 되고 싶다', '내가 존재하는 이유를 알고 싶다', '내 집을 갖고 싶다', '어머니에게 사랑한다고 말하고 싶다', '부모가 되고 싶다' 등이었다.

이 프로젝트는 뉴올리언스를 넘어 세계 곳곳에 확산되었다. 우리나라에도 서울, 대구, 포항 등 몇 곳에 이 벽이 세워져 있다. 스스로를 위한 'Before I die' 프로젝트를 실행해보자. 1년 뒤에 죽을 수 있다는 생각으로, 죽기 전에 꼭 원하는 것, 좋아하는 것, 하고 싶은 일들의 리스트를 만들어보자.

실제로 임종을 앞둔 사람들이 죽기 전에 가장 후회하는 것은 무엇일까? 삶이 조금 더 주어진다면 그들이 간절히 원하는 것은 무엇일까?

호주에 사는 브로니 웨어(Bronnie Ware)는 말기 환자들의 마지막 몇 주를 돌보는 간호사였다. 그녀는 사람들이 죽음을 직면하면서 많이 성숙해지는 걸 보았다. 거의 모든 사람들이 부정, 두려움, 분노, 후회를 거쳐 결국 죽음을 받아들이게 되고, 세상을 떠나기 전에 마음의 평화를 찾는 것을 보았다.

그녀는 환자들에게 죽음을 앞두고 무엇을 후회하는지, 다시 살 수 있다면 무엇을 하고 싶은지 물었다. 그들의 후회는 놀라울 만큼 비슷한 내용들이었고, 가장 흔한 다섯 가지는 다음과 같았다.

'그렇게 열심히 일하지 말았어야 했다', '내 감정을 솔직히 표현할 용기가 있었더라면', '친구들과 더 자주 연락하고 살았어야 했다', '더 행복해질 수 있었는데'였다. 그러나 죽음을 앞두고 가장 많이 한 후회는 '다른 사람의 기대에 부응하는 삶이 아닌, 나 자신에게 진실된 삶을 살지 못한 것'이었다. 타인의 기대에 부응하느라 미처 자신의 꿈이 무엇인지도 모른 채 살아온 후회가 가장 컸다.

감정은 우리가 살아가는 에너지

우리가 스스로에게 진실된 삶을 살지 못하는 이유는 무엇일까? 그것은 우리가 평소에 마음의 고통을 받는 이유와 크게 다르지 않다. 현실의 삶이 자신이 바라는 삶의 모습과 차이가 있기 때문이다. 내가 그 차이를 극복할 수 있다고 생각하면 기쁨이나 즐거움 같은 긍정적 감정이 생기고, 그것을 극복할 수 없다는 생각이 들면 슬픔이나 분노와 같은 부정적 정서에 빠져든다.

세상을 살아가면서 때로는 낙관적으로 때로는 비관적으로 될 수 있지만, 우리는 어떤 방식으로든 매 순간 감정을 느끼고 표출하면서 소망하는 삶을 향해 나아간다. 생각해보면 기쁘고 슬프고 두렵고 즐거운 모든 감정들이 우리에게 살아가는 에너지가 되고 곤경을 이겨내는 힘을 준다. 또한 이따금씩 선물처럼 찾아오는 강렬한 감정의 에너지가 우리가 겪는 역경을 행운으로 만들어주기도 한다.

무엇보다도 희로애락의 모든 감정을 느낀다는 사실 자체가 우리가 살아 있다는 가장 뚜렷한 징표다.

내게 진실된 삶은 무엇일까?

내가 가장 만족감을 느끼고 행복해하는 삶은 무엇일까?

그 삶은 아마도 나의 감정을 억누르려 하지 않고 있는 그대로 받아들이는 것, 자기의 감정과 욕구에 솔직하려는 태도에서 시작되지 않을까. 그리하여 감정이 주는 에너지를 온몸으로 느끼며 그렇게 내 가슴을 뛰게 하는 희망을 좇으며 사는 것. '나는 나'라고 외치며 나의 고유한 장점과 특성을 찾는 것. 그것이 바로 이 세상에 유일무이하게 태어난 나를 사랑하는 방법이고, 감정의 뇌과학이 우리에게 전해주는 행복하게 사는 방법일 터이다.

1. '한국인의 마음' 7년 6개월 빅데이터 70억 건 분석, 중앙일보, 2015. 06. 16.

2. 조긍호, 『선진유학사상의 심리학적 함의』, 서강대학교출판부, 2008, 113.

3. Pariwatcharakul P et al. Pathological crying after subthalamic nucleus stimulation. *Movement Disorders* 2013 ; 28(10) : 1348-1349.

4. Freed PJ and Mann J. Sadness and loss: toward a neurobiopsychosocial model. *The American Journal of Psychiatry* 2007 ; 164(1) : 28-34.

5. Lane RD et al. Neuroanatomical correlates of happiness, sadness, and disgust. *The American Journal of Psychiatry* 1997 ; 154(7) : 926-933.

6. George MS et al. Brain activity during transient sadness and happiness in healthy women. *The American Journal of Psychiatry* 1995 ; 152(3) : 341-351.

    Goleman D. The brain manages happiness and sadness in different centers. *The New York Times* 1995 ; March 28.

7. Gelstein S et al. Human tears contain a chemosignal. *Science* 2011 ; 331(6014) : 226-230.

8. Kimata H. Emotion with tears decreases allergic responses to latex in atopic eczema patients with latex allergy. *Journal of Psychosomatic Research* 2006 ; 61(1) : 67-69.

9. 김용옥, 『도올선생 중용강의(상)』, 통나무, 1995, 116-117.

10. 허원기, 『고전서사문학의 사상과 미학』, 경인문화사, 2007, 9-11.

11. Wikipedia. Tanganyika laughter epidemic. https://en.wikipedia.org/wiki/Tanganyika_laughter_epidemic

12.   Provine RR. Laughter. *American Scientist* 1996 ; 84(1) : 38-47.

       Provine RR. Laughter : A Scientific Investigation. *New York : Viking*, 2000.

13.   Dossey L. Strange contagions of laughter, jumps, jerks, and mirror neurons. *Explore (NY)* 2010 ; 6(3) : 119-128.

14.   Fried I et al. Electric current stimulates laughter. *Nature* 1998 ; 391 : 650.

15.   Liu S et al. Neural correlates of lyrical improvisation : an fMRI study of freestyle rap. *Scientific Reports* 2012 ; 2 : 834.

16.   Strack F et al. Inhibiting and facilitating conditions of the human smile : a nonobtrusive test of the facial feedback hypothesis. *Journal of Personality and Social Psychology* 1988 ; 54(5) : 768-777.

17.   Kraft TL and Pressman SD. Grin and bear it : the influence of manipulated facial expression on the stress response. *Psychological Science* 2012 ; 23(11) : 1372-1378.

18.   Alam M et al. Botulinum toxin and the facial feedback hypothesis : can looking better make you feel happier? *Journal of The American Academy of Dermatology* 2008 ; 58(6) : 1061-1072.

19.   Chang C et al. Psychological, immunological and physiological effects of a Laughing Qigong Program (LQP) on adolescents. *Complementary Therapies in Medicine* 2013 ; 21(6) : 660-668.

       Vlachopoulos C et al. Divergent effects of laughter and mental stress on arterial stiffness and central hemodynamics. *Psychosomatic Medicine* 2009 ; 71(4) : 446-453.

20.   Dunbar RI et al. Social laughter is correlated with an elevated pain threshold. *Proceedings of the Royal Society B : Biological Sciences* 2012 ; 279(1731) : 1161-1167.

21.   Cohan CL and Bradbury TN. Negative life events, marital interaction, and the longitudinal course of newlywed marriage. *Journal of Personality and Social Psychology* 1997 ; 73(1) : 114-128.

22. Grob JD et al. How social context moderates the self-evaluative emotions experienced due to health risk behaviour. *Psychology & Health* 2011 ; 26(10) : 1344-1360.

23. theguardian. Iron bar removed from builder's head. http://www.theguardian. com/world/2012/aug/17/iron-bar-removed-builders-head

24. wikipedia. Phineas Gage. https://en.wikipedia.org/wiki/Phineas_Gage

25. Van Horn JD et al. Mapping connectivity damage in the case of Phineas Gage. *PLoS One* 2012 ; 7(5) : e37454.

26. Passamonti L et al. Effects of acute tryptophan depletion on prefrontal-amygdala connectivity while viewing facial signals of aggression. *Biological Psychiatry* 2012 ; 71(1) : 36-43.

27. Siever LJ. Neurobiology of aggression and violence. *The American Journal of Psychiatry* 2008 ; 165(4) : 429-442.

28. Akinola M and Mendes WB. The dark side of creativity: biological vulnerability and negative emotions lead to greater artistic creativity. *Personality and Social Psychology Bulletin* 2008 ; 34(12) : 1677-1686.

29. Moons WG and Mackie DM. Thinking straight while seeing red: the influence of anger on information processing. *Personality and Social Psychology Bulletin* 2007 ; 33(5) : 706-720.

30. Baas M et al. Creative production by angry people peaks early on, decreases over time, and is relatively unstructured. *Journal of Experimental Social Psychology* 2011 ; 47(6) : 1107-1115.

31. Lerner JS et al. Facial expressions of emotion reveal neuroendocrine and cardiovascular stress responses. *Biological Psychiatry* 2005 ; 58(9) : 743-750.

32. Lerner JS et al. Effects of fear and anger on perceived risks of terrorism: a national field experiment. *Psycholgical Science*. 2003 ; 14(2) : 144-150.

33. Adolphs R et al. A mechanism for impaired fear recognition after amygdala damage. *Nature* 2005 ; 433(7021) : 68-72.

34. Bucy PC and Kluver H. An anatomical investigation of the temporal lobe in the monkey (Macaca mulatta). *Journal of Comparative Neurology* 1955 ; 103(2) : 151-251.

35. Feinstein JS et al. Fear and panic in humans with bilateral amygdala damage. *Nature Neuroscience* 2013 ; 16(3) : 270-272.

36. Barad M. Fear extinction in rodents: basic insight to clinical promise. *Current Opinion in Neurobiology* 2005 ; 15(6) : 710-715.

37. Brymer E and Schweitzer R. Extreme sports are good for your health : a phenomenological understanding of fear and anxiety in extreme sport. *Journal of Health Psychology* 2013 ; 18(4) : 477-487.

38. Nili U et al. Fear thou not: activity of frontal and temporal circuits in moments of real-life courage. *Neuron* 2010 ; 66(6) : 949-962.

39. Calder AJ et al. Impaired recognition and experience of disgust following brain injury. *Nature Neuroscience* 2000 ; 3(11) : 1077-1088.

40. Stark R et al. Hemodynamic brain correlates of disgust and fear ratings. *NeuroImage* 2007 ; 37(2) : 663-673.

41. Hejmadi A et al. Once in contact, always in contact : contagious essence and conceptions of purification in American and Hindu Indian children. *Developmental Psychology* 2004 ; 40(4) : 467-476.

42. Sanfey AG et al. The neural basis of economic decision-making in the Ultimatum Game. *Science* 2003 ; 300(5626) : 1755-1758.

43. Zeki S and Romaya JP. Neural correlates of hate. *PLoS One* 2008 ; 3(10) : e3556.

44. De Dreu CK et al. The neuropeptide oxytocin regulates parochial altruism in intergroup conflict among humans. *Science* 2010 ; 328(5984) : 1408-1411.

45. Tao H et al. Depression uncouples brain hate circuit. *Molecular Psychiatry* 2013 ; 18(1) : 101-111.

46. Takahashi H et al. When your gain is my pain and your pain is my gain :

Neural correlates of envy and schadenfreude. *Science* 2009 ; 323(5916) : 937-939.

47.   Marazziti D et al. Alteration of the platelet serotonin transporter in romantic love. *Psychological Medicine* 1999 ; 29(3) : 741-745.

48.   Veening JG and Olivier B. Intranasal administration of oxytocin: behavioral and clinical effects, a review. *Neuroscience & Biobehavioral Reviews* 2013 ; 37(8) : 1445-1465.

49.   Zak PJ et al. Oxytocin increases generosity in humans. *PLoS One* 2007 ; 2(11) : e1128.

50.   Gobrogge K and Wang Z. The ties that bond: neurochemistry of attachment in voles. *Current Opinion in Neurobiology* 2016 ; 38 : 80-88.

       Winslow JT et al. A role for central vasopressin in pair bonding in monogamous prairie voles. *Nature* 1993 ; 365(6446) : 545-548.

51.   Aron A et al. Reward, motivation, and emotion systems associated with early-stage intense romantic love. *Journal of Neurophysiology* 2005 ; 94(1) : 327-337.

       Fisher HE et al. Intense, passionate, romantic love: a natural addiction? How the fields that investigate romance and substance abuse can inform each other. *Frontiers in Psychology* 2016 ; 7 : 687.

52.   Stephens GJ, et al. Speaker-listener neural coupling underlies successful communication. *Proceedings of the National Academy of Sciences* 2010 ; 107(32) : 14425-14430.

53.   Cheng Y et al. Love hurts: an fMRI study. *Neuroimage* 2010 ; 51(2) : 923-929.

54.   Wittstein IS et al. Neurohumoral features of myocardial stunning due to sudden emotional stress. *New England Journal of Medicine* 2005 ; 352(6) : 539-548.

55.   Panksepp J et al. The biology of social attachments: opiates alleviate separation distress. *Biological Psychiatry* 1978 ; 13(5) : 607-618.

56.   Eisenberger NI et al. Does rejection hurt? An fMRI study of social exclusion. *Science* 2003 ; 302(5643) : 290–292.

57.   Kross E et al. Social rejection shares somatosensory representations with physical pain. *Proceedings of the National Academy of Sciences* 2011 ; 108(15) : 6270–6275.

58.   Dewall CN et al. Acetaminophen reduces social pain: behavioral and neural evidence. *Psychological Science* 2010 ; 21(7) : 931–937.

59.   Master SL et al. A picture's worth: Partner photographs reduce experimentally induced pain. *Psychological Science* 2009 ; 20 : 1316–1318.

60.   Xu X et al. Regional brain activity during early-stage intense romantic love predicted relationship outcomes after 40 months: an fMRI assessment. *Neuroscience Letters* 2012 ; 526(1) : 33–38.

61.   Bianca P et al. Neural correlates of long-term intense romantic love. *Social Cognitive and Affective Neuroscience* 2012 ; 7(2) : 145–159.

62.   House PK et al. Predator cat odors activate sexual arousal pathways in brains of Toxoplasma gondii infected rats. *PLoS One* 2011 ; 6 : e23277.

63.   Freemon FR and Nevis AH. Temporal lobe sexual seizures. *Neurology* 1969 ; 19(1) : 87–90.

64.   Chuang YC et al. Tooth-brushing epilepsy with ictal orgasms. *Seizure* 2004 ; 13(3) : 179–182.

65.   Komisaruk BR et al. Women's clitoris, vagina, and cervix mapped on the sensory cortex: fMRI evidence. *The Journal of Sexual Medicine* 2011 ; 8(10) : 2822–2830.

66.   Cacioppo S et al. The common neural bases between sexual desire and love : a multilevel kernel density fMRI analysis. *The Journal of Sexual Medicine* 2012 ; 9(4) : 1048–1054.

67.   Olds J and Milner P. Positive reinforcement produced by electrical stimulation of the septal area and other regions of rat brain. *Journal of Comparative and Physiological Psychology* 1954 ; 47 : 419–427.

68. Moan CE and Heath RG. Septal stimulation for the initiation of heterosexual activity in a homosexual male. *Journal of Behavior Therapy and Experimental Psychiatry* 1972 ; 3 : 23-30.

69. Berridge K et al. Dissecting components of reward : 'liking', 'wanting', and learning. *Current Opinion in Pharmacology* 2009 ; 9 : 65-73.

   Berridge K and Kringelbach ML. Affective neuroscience of pleasure : reward in humans and animals. *Psychopharmacology (Berl)* 2008 ; 199(3) : 457-480.

70. Reiss S. Who Am I? The 16 basic desires that motivate our actions and define our personalities. *New York : Tarcher/Putnum* 2000.

크래핑

내 안의 모든 감정이 에너지로 바뀐다

초판 1쇄 발행 2016년 7월 22일   초판 2쇄 발행 2016년 8월 8일

지은이 강동화·박현찬
펴낸이 연준혁

출판 6분사 분사장 이진영
편집장 정낙정   편집 박지수 이경희 조현주
디자인 조은덕

펴낸곳 (주)위즈덤하우스   출판등록 2000년 5월 23일 제13-1071호
주소 (410-380) 경기도 고양시 일산동구 정발산로 43-20 센트럴프라자 6층
전화 (031)936-4000   팩스 (031)903-3895
홈페이지 www.wisdomhouse.co.kr   전자우편 wisdom6@wisdomhouse.co.kr

ⓒ 강동화·박현찬, 2016

값 13,000원   ISBN 978-89-6086-961-5   [03320]

국립중앙도서관 출판시도서목록(CIP)

크래핑 / 지은이: 강동화, 박현찬. -- 고양 : 위즈덤하우스, 2016
p. ;　cm
ISBN 978-89-6086-961-5 03320: ₩13000
감정[느낌][感情]
181.7-KDC6
152.4-DDC23　　　　　CIP2016017117